Zypern

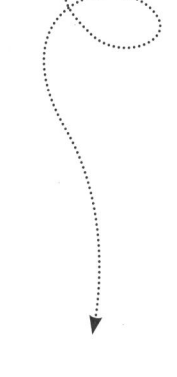

Tina Sternberg

Inhalt

Das Beste zu Beginn
S. 4

Das ist Zypern
S. 6

Zypern in Zahlen
S. 8

So schmeckt Zypern
S. 10

 Ihr Zypern-Kompass
15 Wege zum direkten Eintauchen in die Region
S. 12

Nikosia und Umgebung
S. 15

Nikosia S. 16

 Raubkunst retour –
Byzantinisches Museum
S. 20

Lebenselixier der Zyprer –
Kaffee-Folklore
S. 24

Fossilien sammeln – **in der Kakarístra-Schlucht**
S. 28

Fikárdou S. 30

Pedoulas S. 31

Kakopetriá S. 31

Lárnaka und der Osten
S. 33

Lárnaka S. 34

 2 km² würziges Land –
Spaziergang am Salzsee von Lárnaka
S. 42

Agía Napa S. 44

 Dieses Dorf ist Spitze –
Lefkaras Geheimnisse
S. 48

 Wellenreiten und Höhlentauchen – **rund um Lárnaka**
S. 52

Limassol und die Mitte
S. 55

Limassol S. 56

 Zum Vernaschen –
ein kulinarischer Besuch in Anógyra
S. 64

 Ältester Rebensaft der Welt –
auf Zyperns Weinstraßen
S. 66

Aus Asbest wächst ein Wald – **Wandern bei der Amíantos-Mine**
S. 70

Páfos und der Westen

S. 73

Páfos S. 74

Ungebändigte Schönheit –
die Akámas-Halbinsel
S. 82

Göttin von Kypros – **auf den
Spuren der Aphrodite**
S. 84

Pólis S. 86

Liveshow der Natur –
Schildkröten und Vögel
S. 90

Nordzypern

S. 93

Keryneia S. 94

Schöne Strände, kleine
Wunder – **die Karpasía-
Halbinsel**
S. 98

So alt wie ein Baum –
Olivenöl in Zypern
S. 100

Famagusta S. 102

Geisterstadt mit Potenzial –
Sperrzone Varosha
S. 106

Hin & weg
S. 108

O-Ton Zypern
S. 114

Register
S. 115

Index
S. 115

Abbildungsnachweis/Impressum
S. 119

Kennen Sie die?
S. 120

Das Beste zu Beginn

Der Weg ist das Ziel
Machen Sie sich auf etwas gefasst, wenn Sie einen Zyprer nach dem Weg fragen. Straßennamen spielen dabei keine Rolle. »Am dritten Kreisverkehr links, dann biegen Sie am ersten hohen Baum rechts ab und nehmen den Weg hinter dem grünen Haus.« Wenn Sie Glück haben, gibt es noch eine handgezeichnete Skizze auf einem Fetzen Papier dazu. Erstaunlicherweise klappt es.

Kalter Kaffee
Gehen Sie im Sommer niemals ohne einen Frappé in der Hand durch die Stadt. Kalter Kaffee to go gehört zur zyprischen Lebensart. Dieser Eiskaffee kommt ohne Kalorien aus, wenn Sie ihn *skétos,* ohne Zucker, trinken. Denn statt Eiscreme wird er mit Eiswürfeln angerichtet.

Sterne gucken
Zu einer romantischen Nacht in Zypern gehört ein spektakulärer Sternenhimmel. An den Stränden fernab der großen Städte wölbt sich das dunkelblaue Himmelszelt mit Millionen sichtbarer Sterne über Ihnen. Einen noch überwältigenderen Blick haben Sie von den Bergen des Tróodos aus.

Ausflug für 5 Euro
Tarifzonen gibt es nicht für örtliche Linienbusse. Mit einer normalen Tageskarte kommen Sie von Nikosia oder Limassol bis hoch in die Berge und retour. Alle Ziele innerhalb der jeweiligen Bezirksgrenzen kosten dasselbe – egal ob fünf oder 50 km entfernt. Überfüllt sind die Busse trotzdem nicht, die Zyprer ziehen das Auto vor.

Achtung vor eingelegten Vögeln
Protestieren Sie mit Verzicht! In einigen zyprischen Restaurants stehen noch immer *Ambelopoúlia* auf der Speisekarte, eingelegte Singvögel, die illegal gefangen und getötet werden. Ein Millionengeschäft für die ›Vogelmafia‹, kein Kavaliersdelikt.

Der alte Mann und das Meer

Früher Vogel fängt den Wurm – oder besser: den Fisch. Kommen Sie mit einem Fischer ins Gespräch und fragen ihn, ob Sie mal morgens mit rausfahren dürfen. Es ist einfach traumhaft, auf See die Sonne aufgehen zu sehen und dem Käpt'n zur Hand zu gehen.

Im Schnitt billiger

Das beste Stück handgenäht? Und auch noch preiswert? Kein Problem. Die Schneider in Nordzypern sind auf Kopien spezialisiert. Bringen Sie Ihre ausgefransten Lieblingsklamotten mit, suchen Sie sich einen Stoff aus – und ein paar Tage später halten Sie ein schickes Double in der Hand.

Immer der Nase nach!

In den Bergen oder sogar in den Dünen am Meer riecht es im Sommer intensiv nach Thymian und Oregano. In Zypern wächst wild, was daheim ins Gewürzregal gehört – von Lorbeer bis Salbei. Sammeln, trocknen, mitnehmen. Frischere Souvenirs finden Sie nicht – und werden beim Kochen im Winter an sonnige Urlaubstage erinnert.

Dörfer sind Kult

Die besten alternativen Festivals haben sich auf dem Land etabliert. Im Sommer lagern Besucher um die Open-Air-Bühnen in Káto Drys oder Lófou und senken für eine Woche das Durchschnittsalter vor Ort drastisch. Ein großartiges Kontrastprogramm zu den traditionellen Dorffesten, die eher auf Volkstanz und Futter-Buden setzen.

Ich liebe den kreativen Vibe, der gerade in den zyprischen Städten zu spüren ist – hier hat sich eine äußerst lebendige Gastro- und Kulturszene etabliert. Für mich bereichert die neue Gegenwart Zyperns sagenumwobene Vergangenheit. Offen sein für Neues ohne dabei das Alte zu vergessen – das ist mein Motto.

Fragen? Erfahrungen? Ideen?

Ich freue mich auf Post.

Mein Postfach bei DuMont:
sternberg@dumontreise.de

Das ist Zypern

Es hat schon seinen Grund, warum dieses Eiland von **Aphrodite** erwählt wurde. Die Göttin der Schönheit und Liebe setzte hier ihren Fuß an Land, nachdem sie aus dem Schaum des Meeres geboren wurde. Es schien ihr wohl ein irdisches Paradies angesichts der herrlichen Landschaft und des schönen Wetters. Man kann es ihr nicht verdenken. Über dem Strand, an dem dieses Wunder der griechischen Mythologie stattgefunden haben soll, thront noch heute das wichtigste Wahrzeichen Zyperns: der Felsen der Aphrodite.

Die Narben der Vergangenheit

Wussten Sie, dass Nikosia die letzte geteilte Hauptstadt der Welt ist? Mittendurch verläuft die ›Greenline‹, die landesweite Trennungslinie zwischen dem griechisch-zyprischen und dem türkisch-zyprischen Teil der Insel. Seit dem Einmarsch der türkischen Armee 1974 und der Okkupation von 37 % der **Republik Zypern** wohnen die griechischen Zyprer im Süden der Insel. Im Norden, wo türkische Zyprer und Übersiedler vom türkischen Festland leben, regiert die **Türkische Republik Nordzypern,** die allerdings international nicht anerkannt ist. An den Checkpoints genannten Übergängen kommt man mit Vorzeigen seines Ausweises ganz unkompliziert in den jeweils anderen Teil. Eine Lösung des Status quo ist trotz jahrzehntelanger Bemühungen nicht in Sicht.

Gegen Grillspieße ist kein Kraut gewachsen

Brauchtum spielt eine wichtige Rolle im Leben der Zyprer. Die Verbundenheit mit dem dörflichen Lebensstil der Vorfahren ist unmittelbar zu spüren in den Regeln der Gastfreundschaft, den Festen und dem Zusammenhalt der Familie. Doch die tradierten Gepflogenheiten sind nicht so fest verankert, als dass sich überholte Regeln nicht brechen ließen. Umweltbewusstes Verhalten setzt sich durch, ökologische Lebensweise gilt als trendy, und sogar das Rauchverbot wird akzeptiert. Nur Vegetarier haben einen schweren Stand – gegen Fleisch am Spieß (Soúvla und Souvláki) ist kein Kraut gewachsen. Ständig steigen irgendwo duftende Schwaden in den Himmel auf. Eines der wichtigsten und schönsten Wörter in Zypern ist: *Kopiaste* – eine Einladung, sich dazu zu setzen und zu kosten. Nur keine Scheu, dieser Aufforderung sollten Sie unbedingt nachkommen.

Landschaften zum Niederknien

In den vergangenen Jahrtausenden haben viele bekannte Mächte ihren Fuß auf die Insel gesetzt und ihre Spuren hinterlassen: griechische Tempel, römische Villen, byzantinische Kirchen, fränkische Burgen, venezianische Stadtmauern, osmanische Moscheen und britische Kolonialbauten. Den authentischsten Schatz aber besitzt Zypern in seinen Landschaften. Die Strände von Limassol und Páfos sind nur eine halbe Stunde entfernt von den Gipfeln des Tróodos-Gebirges, eine Wanderung über den bewaldeten Kamm des Pentadaktylos-Gebirges kann mit einem Bad im Mittelmeer en-

Zypern ist die reinste Urlaubswundertüte: Berge, Meer und Wälder – alles da!

den. Der fruchtbare Boden lässt herrlichen Wein wachsen, bringt Kirschen und Pfirsiche ebenso hervor wie Bananen, Orangen und Melonen.

Keine Gegend gleicht der anderen

Jede Region rühmt sich, die schönste oder spannendste zu sein. Da müssen Sie schon selbst entscheiden, welcher Verlockung Sie nachgeben wollen: **Nikosia** lebt von seinem Ruf als letzte geteilte Hauptstadt der Welt und dem skurrilen Umstand, am Ende einer Einkaufsstraße von einem Land ins nächste oder, politisch korrekt, von der freien Republik in den türkisch besetzten Teil zu wechseln. **Limassol** ist eine echte Metropole mit Yachthafen, reichen Schifffahrtsunternehmen und wohlhabenden Russen. Von hier aus geht es direkt in die Berge zum Wandern, Skifahren oder Weinverkosten. **Páfos** ist die archäologische Schmuckschatulle Zyperns. Die römischen Mosaiken, die Ruinen des Aphrodite-Tempels oder die Säule, an der Apostel Paulus ausgepeitscht wurde – jedes einzelne steht da als Beweis, dass die Weltgeschichte nicht spurlos an Zypern vorbeigegangen ist. Im Hinterland erstreckt sich die geschützte Wildnis der **Akámas-Halbinsel.** Die flachen Ländereien im Osten wiederum mit ihrer roten Erde gelten den Einheimischen als Obst- und Gemüsegarten der Insel, den Touristen angesicht der ausgedehnten Strände als azurblaue Badewanne. Der **türkisch-zyprische Norden** Zyperns mit seinem eher orientalischen Erscheinungsbild hält (noch) überraschend unberührte Landstriche für ganz private Entdeckungen bereit.

Zypern in Zahlen

0,2

Prozent macht der Anteil der Zyprer an der EU28-Bevölkerung aus.

1,3

Mobiltelefone besitzt der Zyprer im Durchschnitt.

2

Der zweitgrößte Exportschlager von Zypern ist Halloúmi-Käse.

9

Verbrechen pro 1000 Einwohner jährlich machen die Republik Zypern zum Land mit der niedrigsten Kriminalitätsrate innerhalb der EU.

14

Fußballclubs spielen in Zyperns 1. Liga, ebenso viele in der türkisch-zyprischen 1. Liga.

35

Flüsse und Bäche schlängeln sich über die Insel, nicht einer von ihnen führt das ganze Jahr über Wasser.

35

Millionen Liter Bier werden im Schnitt jährlich konsumiert, das meiste im Sommer, wenn die Urlauber kommen.

50

Mercedes pro 1000 Einwohner sind in der Republik Zypern registriert, aber nur 28,5 VW.

52

Prozent der zyprischen Kinder kommen per Kaiserschnitt zur Welt, das ist EU-weit Spitze.

254

Quadratkilometer von Zypern gehören der Britischen Krone in Form der Militärbasen Akrotíri und Dhekélia.

1000

Gäste sind im Schnitt zu einer zyprischen Hochzeit geladen.

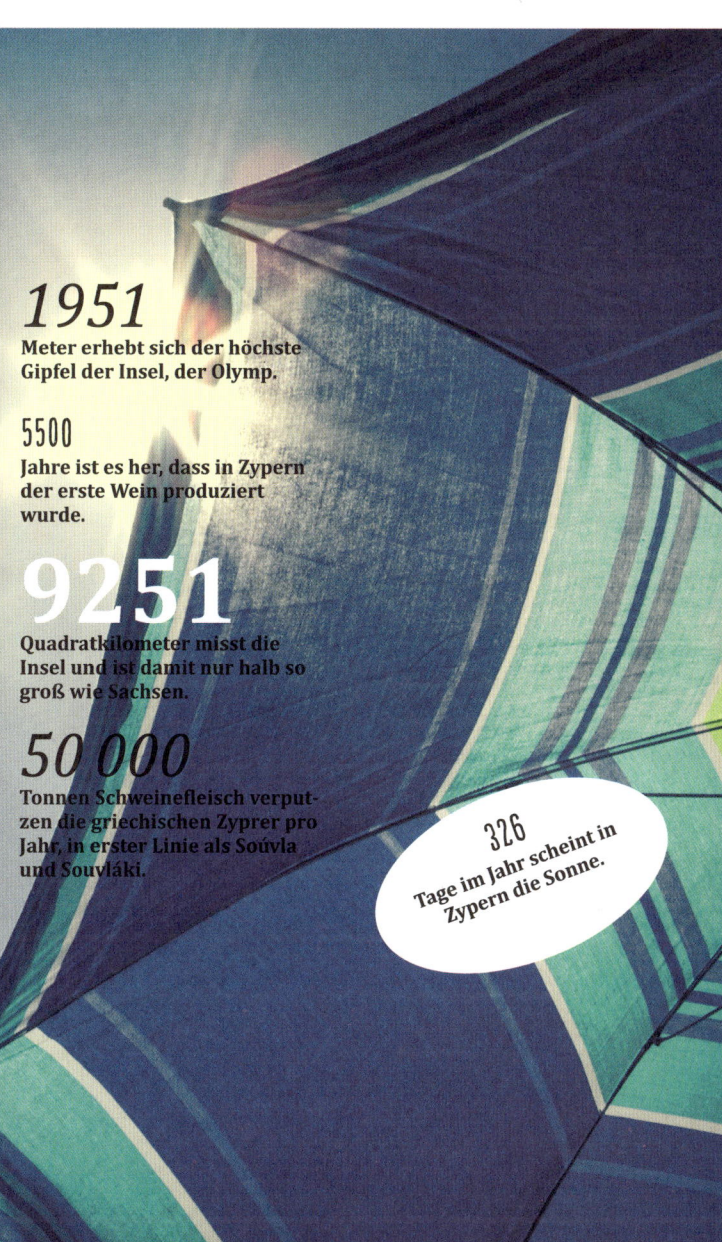

1951
Meter erhebt sich der höchste
Gipfel der Insel, der Olymp.

5500
Jahre ist es her, dass in Zypern
der erste Wein produziert
wurde.

9251
Quadratkilometer misst die
Insel und ist damit nur halb so
groß wie Sachsen.

50 000
Tonnen Schweinefleisch verput-
zen die griechischen Zyprer pro
Jahr, in erster Linie als Soúvla
und Souvláki.

326
Tage im Jahr scheint in
Zypern die Sonne.

So schmeckt Zypern

Das traditionelle ländliche Frühstück ist geradezu vorbildlich gesund mit frischem Brot, eingelegte Oliven, Hallóumi-Käse, Tomaten und Gurken. In den Restaurants wird oft ein *English breakfast* angeboten, das aus gebackenen Bohnen, gebratenen Würstchen, Schinken und Spiegelei besteht. Für unterwegs oder als Mitbringsel sind gefüllte Teigteilchen aus den Bäckereien beliebt.

Mit Kaffee ist es so eine Sache

Ist vom *Cyprus coffee*, im Norden von *Turkish coffee* die Rede, so ist ein starker Mokka in einer kleinen Tasse gemeint. Bei dieser Variante wird das Kaffeepulver gleich mit Zucker aufgekocht. Deshalb müssen Sie schon bei der Bestellung angeben, ob Sie ihn ohne (griechisch: *skétos/*türkisch: *sade),* mittel *(métrios/orta)* oder süß *(glykós/şekerli)* trinken möchten. Mehr zum Thema Kaffee: ▶ S. 24.

Bäckereien sind in Zypern das reinste Schlaraffenland. Hier gibt es nicht nur Brot und Torten, sondern auch kleine und größere Teigteilchen, die mit Schinken, Käse, Hühnchen oder auch Mandeln und süßer Käsecreme gefüllt sein können. Außerdem Schälchen mit diversen Mousse-Varianten und Kekse in Hülle und Fülle. Da spüren Sie am eigenen Leib die Qual der Wahl. Warmes Essen to go wird ebenso angeboten wie eine volle Kühltheke mit Milch, Butter, Eiern, Wurst und Käse. Und das fast rund um die Uhr, denn die Bäckereien sind meist von 6 bis 22 Uhr geöffnet, manche sogar durchgehend.

Zyperns Nationalkäse

Sie waren nicht in Zypern, wenn Sie keinen Hallóumi gegessen haben. Oder Hellim, wie die türkischen Zyprer ihn nennen. Gegrillt schmeckt er als warme Vorspeise, im rohen Zustand vor allem zu frischem Gemüse. In der Hitze des Sommers ergibt sein leicht salziger Geschmack zusammen mit süßen Melonenstücken eine köstlich erfrischende Mahlzeit.

Mezé

Die wohl angenehmste Art, sich quer durch die zyprische Küche zu kosten, ist eine Mezé. Dutzende warme und kalte Gerichte, von Gemüse und Käse über Nudeln, Fleisch und Schnecken bis hin zu süß eingelegten oder frischen Früchten, kommen in kleinen Schälchen auf den Tisch. Dazu eine Vielzahl an Dips, wie Joghurt, Tzatzíki und Hummus. In manchen Mezé-Tavernen gibt es nicht mal eine Speisekarte – es wird aufgetragen, was Küche und Keller hergeben. Versuchen Sie nicht mal, alles aufzuessen, es gelingt Ihnen sowieso nicht. An den Küstenorten werden oft auch Fisch-Mezédes angeboten. Für Liebhaber von Meeresfrüchten ein Muss.

Spießgesellen

Souvláki ist die Allzweckwaffe der Zyprer. Gebratenes Fleisch am Spieß passt für die Mittagspause, als Abendmahlzeit, beim Picknick und als Bestellung für zu Hause, wenn überraschend Gäste

MEIN LEIBGERICHT: KOLOKÁSI (TARO)

Dieses Gemüse ist typisch für die ländliche zyprische Küche: Kolokási. Aus den dicken Wurzelknollen lässt sich ein herzhafter und wunderbar cremiger Eintopf machen. Kochen Sie ihn mal nach.

Ich nehme dafür:
1,5 kg Kolokási
1 kg Schweine- oder Hähnchenfleisch
300 g Stangensellerie
1 große Zwiebel
3 Möhren
1 EL Öl
500 g passierte Tomaten
Saft einer Zitrone
Salz und Pfeffer

Fleisch und Gemüse in grobe Stücke schneiden. Kolokási mit einem Küchenhandtuch festhalten und schälen (nicht waschen!). Mit einem Messer in grobe Stücke brechen (nicht schneiden!). Öl in einem Topf erhitzen und Fleisch anbraten, herausnehmen und beiseitelegen. Zwiebeln und Kolokási in den Topf geben, 15 Min. anbraten, mit geschlossenem Deckel den Topf mehrmals gut schütteln. Das Fleisch wieder dazugeben, Tomaten, Sellerie und Möhren hinzufügen, mit heißem Wasser auffüllen, bis alles bedeckt ist. Etwa 75 Min. köcheln lassen, gut umrühren. Mit Gewürzen und Zitronensaft abschmecken.

kommen. Die türkischen Zyprer nennen die Spießchen Şiş Kebab. Je nach Gusto wird Schwein-, Lamm- oder Hähnchenfleisch verwendet. Serviert wird entweder im Pita-Brot, in dem dann gleich noch Pommes und Salatgemüse versammelt sind, oder alles einzeln auf einem Teller. Bei Festen oder wenn die Runde größer ist, kommt Soúvla auf den Grill – faustgroße Stücke Schweinefleisch, aufgespießt auf lanzenähnlichen Stangen.

Die Hölle im Glas: Zivanía
Er treibt Ihnen garantiert die Tränen in die Augen, aber wenigstens probieren müssen Sie den klaren Tresterbrand mal. Er ist Zyperns Grappa und wird eiskalt genossen. Als Digestif nach dem Essen, als Shot an der Bar oder als Grundlage für Mixgetränke gehört er auf die zyprische Getränkekarte. Gebrannt wird er nicht nur in großen Destillerien, sondern auch noch klassisch in Kupferkesseln auf dem Dorf.

Ihr Zypern-Kompass

#2
Lebenselixier der Zyprer – **Kaffee-Folklore**

#3
Fossilien sammeln – **in der Kakarístra-Schlucht**

🪑🪑🪑🪑🪑🪑🪑
7 STÜHLE
für einen Mokka

URALTES ZEUG ZUM MITNEHMEN

#1
Raubkunst retour – **Byzantinisches Museum**

⊕ WAS FÜR EIN KRIMI!

WOMIT FANGE ICH AN?

1 2 3

Wie sieht das *Hotel der Zukunft* aus?

15

14

13

12

#15
Geisterstadt mit Potenzial – **Sperrzone Varosha**

ALLROUNDGENIE

DER EIGENE PANZER REICHT NICHT ALS SCHUTZ

#14
So alt wie ein Baum – **Olivenöl in Zypern**

EINE OASE FÜR ZIVILISATIONSMÜDE STÄDTER

#13
Schöne Strände, kleine Wunder – **die Karpasía-Halbinsel**

#12
Liveshow der Natur – **Schildkröten und Vögel**

#4
2 m² würziges Land –
**Spaziergang am
Salzsee von Lárnaka**

#5
Dieses Dorf ist
Spitze – **Lefkaras
Geheimnisse**

Flamingos Favorit

KULT SEIT
500
JAHREN

SPLISH,
SPLASH

#6
Wellenreiten und
Höhlentauchen –
rund um Lárnaka

*NASCHEN
OHNE REUE?*

#7
Zum Vernaschen –
**ein kulinarischer
Besuch in Anógyra**

4
5
6
7
8
9
10
11

Auf ein Glas
Commandaria

#8
Ältester Rebensaft der
Welt – **auf Zyperns
Weinstraßen**

NATURE'S
COMEBACK

tatsächlich *wild*

#9
Aus Asbest wächst ein
Wald – **Wandern bei
der Amíantos-Mine**

Allgegenwärtige
Liebe und Schönheit

#11
Göttin von Kypros –
**auf den Spuren der
Aphrodite**

#10
Ungebändigte
Schönheit – **die
Akámas-Halbinsel**

Nikosia und Umgebung

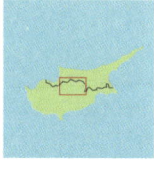

Auch wenn die Hauptstadt keinen Strand hat, so ist sie doch noch längst keine Langweilerin. Galerien und Museen, fancy Bars und urige Kneipen, Künstlerwerkstätten und Treffpunkte für Friedensinitiativen machen die geteilte Stadt zu einer lebendigen Metropole. Nikosias Umland erstreckt sich bis hoch ins Tróodos-Gebirge, das bestens angeschlossen ist. Und so nutzen die Hauptstädter gerade im heißen Sommer jede Gelegenheit für einen Ausflug in die kühlen Bergdörfer.

Nikosia 🏛 G/H 5

Nikosia ist wohl die gemütlichste Hauptstadt Europas. In den Straßen der historischen Altstadt leben junge Shops und verstaubte Läden in friedlicher Nachbarschaft. Außerdem sind alle wichtigen Sehenswürdigkeiten bequem zu Fuß zu erreichen. Mitten durch die von einer kreisrunden Stadtmauer umhegte Altstadt verläuft die Demarkationslinie der geteilten Insel. In Südnikosia leben 240 000 Menschen, im Nordteil 80 000. Die Hauptstadt ist weit weniger touristisch als andere Großstädte der Insel. Das Gros der Besucher sind Tagesreisende. Wer sich hier abends an Kneipentischen niederlässt, kann ziemlich sicher sein, zwischen Einheimischen zu sitzen.

WAS TUN IN NIKOSIA?

Nikosias bekannteste Meile
Am besten beginnen Sie ihre Hauptstadttour in der **Ledra-Straße** 1. Der Fußgängerboulevard führt als Achse quer durch die Altstadt, die von einer kreisrunden **venezianischen Stadtmauer** umschlossen ist. Sie ist gesäumt von Laden- und Imbissketten, Cafés und jeder Menge Schuhshops. Straßenkünstler unterhalten die Flaneure, und geradeaus geht es direkt zum **Checkpoint** 2, an dem Sie in den Norden der geteilten Stadt wechseln können. Los geht's am **Eleftheria-Platz.** Um sich einen Überblick zu verschaffen, ist der Shacolas Tower die beste Adresse. Im **Observatorium** 3 im 11. Stock (Seiteneingang von H&M; tgl. 10–17, Sommer bis 19 Uhr, Eintritt 2,50 €) erfahren Sie gleich noch etwas über die Stadtgeschichte. Beim Spaziergang durch die engen Gassen des **Laiki Geitonia** 4 bekommen Sie einen Eindruck vom Nikosia des 18. Jh. Die Wohnhäuser im ›Volksviertel‹ beherbergen zwar heute eher Shops

und Tavernen für Touristen, dazwischen allerdings auch echte Perlen, wie die winzige **Schmuckwerkstatt von Kalliroi Papadaki** in der Aristokiprou 2G. Die **Onasagorou-Straße** hat in den letzten Jahren der ›Ledra‹ den Rang abgelaufen und ist die junge, angesagte Gastromeile. Bis hinunter zur Plaza vor der **Faneromeni-Kirche** 5 reiht sich eine Versuchung an die andere. Meine Favoriten sind dabei die kleinen Kneipen in den Seitenstraßen, von denen manche einfach nur aus einer Bar im Treppenhaus bestehen. Im Gebäude der **Bank of Cyprus-Stiftung** 6 zeigt die **Pierídes-Sammlung** eine faszinierende Simulation: Antike Scherben werden virtuell zu unversehrten Gefäßen und Figuren (Phaneromenis-Str. 86–90, tgl. 10–19 Uhr, Eintritt frei).

Abseits ausgetretener Pfade
Hinter der alten Markthalle zeigt das **Kunstzentrum NiMAC** 7 im ehemaligen Elektrizitätswerk zeitgenössische Ausstellungen (www.nimac.org.cy, Di–Sa 10–21 Uhr). Die lange vernachlässigte Zone entlang der Greenline belebt sich erfreulicherweise wieder. Wo noch vor wenigen Jahren Werkstätten lärmten, ist heute eine neue Kulturzeile entstanden. Als sich die **Shoe Factory** 8 als privater Konzertsaal (Jazz/Klassik; www.pharosartsfoundation.org) in der Ermou-Straße ansiedelte, wurde die ganze Gegend aufgewertet. Inzwischen zieht auch das **Zentrum für Visuelle Kunst und Forschung** 9 mit seiner Sammlung von über 1000 Gemälden Zyperns aus Sicht ausländischer Künstler die Besucher in diese eher abgelegene Ecke (www.cvar.severis.org, tgl. 9.30–16.30 Uhr, sommers So geschl.; winters Mo geschl. Eintritt 5 €). In östlicher Richtung endet die Altstadt am **Famagusta-Tor** 10, eines der ehemals drei Stadttore des venezianischen Befestigungsrings. Seit der Restaurierung dient es als Städtisches Kulturzentrum für Ausstellungen und Konzerte. Die Straße, die am Famagusta-Tor auf der Stadtmauer entlangführt, ist schon seit den 1980er-Jahren als Unterhal-

Kamele gibt's in der Großen Karawanserei nicht mehr, dafür Souvenirs und Cafés.

tungsviertel bekannt. Musikkneipen, traditionelle Tavernen und schicke Bars teilen sich das Areal. An warmen Sommerabenden stehen die Tische und Stühle hier einfach auf der Straße.

Der Norden der geteilten Hauptstadt

Im türkisch-zyprischen Norden der Altstadt ist der orientalische Charakter sofort zu spüren. Vor allem natürlich in der **Büyük Han** 11 und der **Kumarcilar Han** 12, den alten Karawansereien aus dem 16./17. Jh., die nun Ateliers, Läden und Gastronomie beherbergen. Das traditionelle Basarviertel beginnt nebenan. In der Arastra-Straße sind vor allem alteingesessene Händler zu finden, die Stoffe, Knöpfe, Wolle und Süßigkeiten verkaufen, aber auch Läden mit modischer ›Markenware‹ finden sich und natürlich klassische Kebabstuben. Die Straße endet an der **Selimiye-Moschee** 13, der ehemaligen Sophien-kathedrale (13./14. Jh). In ihr ließen sich die fränkischen Adligen zu Königen von Zypern krönen, bevor dem Meister-werk gotischer Architektur nach der Übernahme der Herrschaft der Osmanen (1571) Minarette aufgesetzt wurden. Direkt neben der Moschee finden in der **Bedestan** 14 (einer ehemals als Markt-halle genutzten Kirche) nicht nur Kon-zerte statt, sondern auch regelmäßige Aufführungen der Tanzenden Derwische. Dieser Tanz gehört zu den religiösen Ze-remonien des Mevlevi-Ordens und wird hier von echten Derwischen zelebriert (Vorführung Mo–Sa 12, 14, 15, 17 Uhr, ca. 30 Min., Eintritt 7 €).

Die Seele baumeln lassen

Für eine Wellness-Pause bieten sich die traditionellen türkischen Bäder in der Altstadt an – im Süden das **Omeriye Hamam** 15 (www.hamamomerye.com) und im Norden das **Büyük Hamam** 16 (www.grandturkishhamam.com). Der **Stadtpark** 17, hinter dem Parlament, ist eine kleine Oase, um auszuspannen. Blühende Pracht und Wasserspiele ge-ben exotische Fotomotive ab. Sonntags treffen sich hier die meist asiatischen Immigranten, die mit bunter Sonntags-kleidung und selbst gekochtem Essen (unbedingt kosten) den Park beleben.

Sehenswert

1 Ledra-Straße
2 Checkpoint Ledra-Straße
3 Observatorium
4 Laiki Geitonia
5 Faneromeni-Kirche
6 Bank of Cyprus-Stiftung (Pierides-Sammlung)
7 Kunstzentrum NiMAC
8 Shoe Factory
9 Zentrum für Visuelle Kunst und Forschung
10 Famagusta-Tor
11 Büyük Han
12 Kumarcilar Han
13 Selimiye-Moschee
14 Bedestan
15 Omeriye Hamam
16 Büyük Hamam
17 Stadtpark
18 Zypern-Museum
19 Leventis-Galerie
20 Leventis-Museum für Stadtgeschichte
21 Byzantinisches Museum

In fremden Betten

1 Altius Boutique Hotel
2 Sandstone Gästehaus
3 Averof Hotel

Satt & glücklich

1 Bibliotheque
2 Sham
3 Atelier
4 thegym.
5 Inga's Veggie Heaven
6 Özerlat
7 Charalambous
8 Kafeneion Koukounári

Stöbern & entdecken

1 Chrysaliniotissa-Künstlerwerkstätten
2 Juweliergeschäfte in der Altstadt
3 Çıraklı Market
4 Bauernmarkt

Wenn die Nacht beginnt

1 Palaiá Pineza
2 Enallax
3 Kafeneio 11

Sport & Aktivitäten

1 Segway-Station
2 Taxi Bike

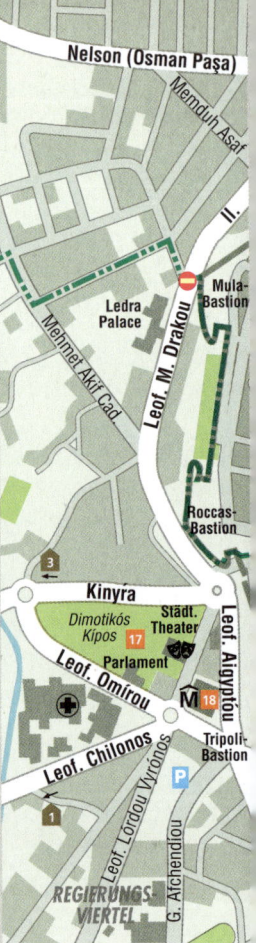

MUSEEN, DIE LOHNEN

Kultobjekte für Aphrodite
Zypern-Museum 18

Folgen Sie Aphrodites historischen Spuren im Zypern-Museum. Sämtliche Exponate, die mit dem Kult für die Göttin in Verbindung stehen, sind hier mit einer Plakette ausgewiesen. Die archäologische Sammlung des Nationalmuseums vermittelt einen umfassenden Einblick in die kulturelle Entwicklung der Insel.

Mouseiou-Str. 1, Di–Fr 8–18 Uhr, jeden 1. Mi im Monat bis 20, Sa 9–17, So 10–13 Uhr, Mo geschl., 4,50 €

Große Meister ohne Andrang
Leventis-Galerie 19

Werke von Auguste Renoir, Claude Monet und Marc Chagall haben Sie in Nikosia wohl nicht erwartet? Die Leventis-Galerie besitzt eine auf der Insel einzigartige europäische Kunstsammlung. Die Gemälde, Zeichnungen und Aquarelle von französischen, griechischen und zyprischen Meistern sind in angenehm ruhiger Atmosphäre zu betrachten, denn der Andrang hält sich in Grenzen.

Anastasios G. Leventis-Str. 5, T 22 66 88 38, www.leventisgallery.org, Mi 10–22, Do–Mo 10–17 Uhr, Di geschl., 5 €

Map labels

Zentraler Busbahnhof Nord ↗

ITIMAT

0   200 m

Cemal   Gürsel   Barbaro-Bastion   S. Albay Karağlanoğlu Cad.

Quirini-Bastion   Girne-Tor   İstanbul   Reşadiye Sok.   Loredano-Bastion   Snt. Hüseyin Ruso Sok.

Selim Cad.   Mahmut Paşa Sok.   Eski Saray Sok.   Fuzuli Sok.   Yençami Sok.   M. Ali Riza Sok.

Regierungs-viertel   Mecidiye Sok.   Haydarpaşa Camii   Platro-Bastion

Abu Ziya   Efendi Sok.   Yediler Sok.   Kurtzade Sok.   Haydarpaşa Sok.   Leof. Athinas   Patroklou

Arabahmet Camii   Derviş Paşa Konak   Büyük Hamam   Arasta   Sok.   Ermoú   Dimónaktos

Küçük Baf Cad.   Kykkou   Ermu Cad.   Ektoras   Caraffa-Bastion

Arablar-Moschee   Lefkonos   Markt-halle   Varnáva   Famagusta-Tor

Kathedrale der Maroniten   Megalou Alexandrou   Panero Renos   Lidras (Ledra)   Trikoupis   Ap.   EOKA Museum   Ethnografisches Museum

Ouzounan   Perikleous   Arsinois   Lidras   Aischylou   Patriarchou Grigoriou   Erzbischöflicher Palast   Korals   Salaminos

Holiday Inn   Platia Solomoú   Apollonos   Onasagorou   Leof. Nikiforou Foka   Freiheits-denkmal   Podocataro-Bastion

Rigainis   Leof. Konstantinou Palaiológou   Areos   Costanza-Bastion

A.G. Leventis   Platia Eleftheria   D'Avila-Bastion   Bayraktar-Moschee   Stasínou   Klarios Kakopetriá   Leof. Theodótou   Digeni Akrita

Leof. Evagorou   Leof.

Von der Siedlung zur Metropole
Leventis-Museum für Stadtgeschichte [20]

Nikosia ist nur knapp 100 Jahre jünger als Rom. Wie sich der Ort seit der Bronzezeit herausgemacht hat, ist im Leventis-Museum für Stadtgeschichte anhand archäologischer Funde, Trachten, Keramik, Landkarten, Schmuck und Möbeln unterhaltsam nachzuvollziehen. Alte Fotos belegen, wie rasant die Entwicklung vor allem in den vergangenen 100 Jahren vonstatten ging.

Laiki Geitonia, Hippocrates-Str. 15–17, T 22 66 14 75, www.leventismuseum.org.cy, Di–So 10–16.30 Uhr, Eintritt frei

Neu und schick
Altius Boutique Hotel [1]

Von außen Platte, von innen der nüchterne Schick der Siebziger Jahre. Die Lounge-Atmosphäre der Lobby und der Bar passen zu einem modernen Stadtdomizil. Die Zimmer sind ohne Schnörkel, aber mit Sinn für Stil eingerichtet. Bis in die Innenstadt sind es zu Fuß 20 Min.

Acheon-Str. 1, T 22 25 55 40, www.altiushotel. com, freies WiFi, DZ/F 110 €

 # 1

Raubkunst retour –
Byzantinisches Museum

Schauen Sie sich dieses ungewöhnliche Mosaik mal genauer an. Das Gesicht des Apostels hat hier nichts von der geistigen Verklärtheit, die den ungläubigen Thomas sonst so umgibt. Er erscheint äußerst lebendig. Das Bildnis ist rund 1500 Jahre alt – und eine Rarität. Das wurde ihm ▼ zum Verhängnis.

Dass dieses Mosaik und 172 andere unbezahlbare Raubkunstwerke im **Byzantinischen Museum** 2.1 eine neue Heimat fanden, ist das Ergebnis einer aufwändigen Suche. Allein das Bildnis des Apostels Thomas wird auf 8 Mio. Euro geschätzt, denn es ist eines der wenigen Beispiele oströmischer Mosaikkunst, die nicht der Ikonenzerstörung beim byzantinischen Bilderstreit im 8./9. Jh. zum Opfer fielen.

Der Raub
Ursprünglich schmückte das Mosaik die Apsis der Kirche Panagía Kanakaria. Die Wirren nach der türkischen Invasion 1974 machten sich Kunsträuber zunutze und plünderten die verwaisten Kirchen im Norden Zyperns. Sie stahlen Ikonen, brachen Mosaiken aus Wänden und klopften Fresken aus dem Putz.

Der Verdacht
Jahre später tauchten erste Stücke bei einer Ausstellung in den USA auf. Der Verkäufer war der Münchener Kunsthändler Aydın Dikmen. Nachdem die Exponate als Diebesgut identifiziert werden konnten, wurden sie an die Republik Zypern zurückgegeben. Der Rest bleibt versteckt.

Der Rechtsstreit
Beim Versuch weitere Mosaikfragmente zu veräußern, flog Dikmen 1988 auf. 1997 wurden bei ihm Kunstschätze im Wert von ca. 36 Mio. Euro konfisziert. Der Rechtsstreit über die Klä-

ATELIER

Einer Ikonen-Malerin über die Schulter zu schauen, hat mir die Augen für diese Kunst geöffnet. Zu Besuch war ich bei **Myrianthi Konstantinidou** in ihrem Atelier im Kloster Chrysorrogiatissa (Páfos). www.myrianthi.com

Das Bildnis des Apostels Thomas erinnert eher an ägyptische Mumienporträts, die oft fotorealistisch wirken. Vielleicht war ja der Künstler, der das frühchristliche Mosaik anfertigte, noch von der ägyptischen Grabkunst beeinflusst, denn zeitlich waren sie sich sehr nahe.

rung der Eigentumsverhältnisse vor dem Münchener Landgericht und die Berufungsverhandlungen vor dem Oberlandesgericht zogen sich über Jahre hin. Die Kunstwerke lagerten derweil in der Asservatenkammer des Bayerischen Landeskriminalamtes. Erst im März 2013 entschied das Gericht endgültig, dass die Kunstschätze der zyprischen Kirche und der Republik Zypern gehören.

Die Ausstellung

Die Restaurierung der Kunstwerke wird noch Jahre dauern. Dennoch werden sie – so unvollkommen und verletzt wie sie sind – der Öffentlichkeit gezeigt. Nicht nur, um die heimgekehrten Kostbarkeiten nicht noch länger im Museumsmagazin zu verstecken. Sondern auch, um mit Hilfe der Bevölkerung jene zu identifizieren, deren Herkunftskirche bisher nicht genau bestimmt werden konnte.

INFOS/ÖFFNUNGSZEITEN

Byzantinisches Museum `21`: Plateía Archiepiskopou Kyprianou (neben dem Erzbischöflichen Palast), T 22 43 00 08, Mo–Fr 9–13, 14–16.30 Uhr, 4 €. Neben den kostbaren Rückgaben sind hier über 100 der wertvollsten Ikonen Zyperns ausgestellt.
Raubkunst-Dokumentation: www.makariosfoundation.org.cy/een.html

KULINARISCHES FÜR ZWISCHENDRIN

Inga's Veggie Heaven `5`: Die Isländerin Inga bietet vegetarische und vegane Küche in einer großen geschmacklichen Vielfalt im Hof des **Kunsthandwerk-Zentrums Chrysaliniotissa** an (Dimonaktos-Str. 2, T 99 30 67 19, 22 34 46 74, Facebook: ingasveggie heaven, Di–Sa 9.30–17.30 Uhr).

Faltplan: G/H 5 | **Cityplan:** S. 18/19

Ledra-Straße live: Von hier noch 250 m, dann müssen Sie Ihren Ausweis vorzeigen.

Wohnen wie bei Freunden
Sandstone Gästehaus ❷
Wie in einer WG wohnen in einem
sanierten Altbau mitten in der Altstadt.
Der Zugang liegt versteckt in einer Stoa
zwischen Cafés (grüne Tür). Die drei
Zimmer sind modern eingerichtet, statt
Frühstück steht ein Verpflegungskorb
bereit. Großer Flur mit Esstisch und WiFi
für alle.

PALAVERN

Bester Beweis, dass Zyperntürken
und Zyperngriechen gut miteinander
können, ist der ›Verräterstamm-
tisch‹. Entgegen aller Anfeindungen
von nationalistischen Landsleuten
treffen sich seit 2004 Leute von
hüben und drüben an jedem Sonn-
abendvormittag in der **Büyük Han**
❶❶. Jeder der sich dazu setzt, ist
willkommen. Die Gespräche reichen
von Politik bis hin zum neuesten
Witz. Geklönt wird in Englisch.

3 Stoa Klokkari, Onasagorou-Str. 16, T 99 54 47
89, www.sandstonecyprus.com, DZ 80 €, Studio
mit Bad auf dem Gang 60 €

Koloniales Ambiente
Averof Hotel ❸
Als charmantes Überbleibsel aus der Kolonialzeit liegt das Haus in der einstmals
vornehmen Gegend von Ágios Andreas.
Der Stil stammt noch aus den Fünfziger-
jahren und verleiht dem Averof seinen besonderen Reiz. Dem Personal ist bewusst,
dass das Hotel aus der Zeit gefallen ist,
und gleicht die fehlende Moderne mit
liebenswerter Freundlichkeit aus.
Averof-Str. 19, T 22 77 34 47, www.averof.com.
cy, DZ/F mit WiFi 55 €

 Satt & glücklich

Stilmix mit Anspruch
Bibliotheque ❶
Für jede Stimmung das richtige Angebot.
Frühstück auf der Dachterrasse, Lunch
im Straßenrestaurant, Kaffee in der
Bücherecke und Cocktails in der Bar. Über
der ambitionierten Ausstattung wird das
kulinarische Angebot nicht vernachlässigt.

Nordnikosia, Mihat Paşa-Str. 7/Ecke Arasta-Straße, www.biblionicosia.com, Frühstück 30, Hauptgericht ab 20, Cocktail ab 18 TL

Bestes Falafel der Stadt
Sham ❷

Als Imbiss beim Stadtbummel oder als Stärkung in einer feierwütigen Nacht gibt es nichts Besseres als Falafel oder Schawarma bei Sham. Die kleine Imbissbude ist vor allem bei Nachtschwärmern beliebt, weil sich hier irgendwann alle treffen.
Rigaines-Str. 3A, So–Do 11.30–2, Fr/Sa 11.30–13.30, 14.30–4 Uhr, Falafel 3 €, Schawarma 4 €

Im Feinschmecker-Himmel
Atelier ❸

Französische Küche zum Fingerablecken. Was sich hinter diesen alten Sandsteinmauern verbirgt, ist nicht weniger als ein Highlight der Restaurantszene in Nikosia. Dazu wird eine Selektion feinster Weine von privaten französischen Gütern angeboten. Draußen sitzen, schlemmen, Sterne gucken – schöner wird's nicht.
Achangelou Michael-Str. 3, T 22 26 23 69, Mo–Sa 18–2 Uhr, Hauptgericht ab 15 €

Essen, Trinken, Kunst
thegym. ❹

Preiswerte Cocktails (für Tag und Nacht) und einfache Gerichte, raffiniert zubereitet. Zum Konzept dieser Location gehört aber auch der Galerie-Shop mit Keramik, Textilart und erotischen Bildbänden.
Onasagorou-Str. 85–89, www.thegymconcept.com, So–Fr 10.30–2, Sa bis 3 Uhr, Hauptgericht ab 9 €, Glas zyprischer Wein 5, Cocktail ab 5 €

 Stöbern & entdecken

Kunst gucken und kaufen
Chrysaliniotissa-Künstlerwerkstätten

Statt gängiger Souvenirs ziehe ich authentisches Kunsthandwerk als schönes Mitbringsel vor. Die Ateliers in dem aufblühenden Viertel Chrysaliniotissa bieten ihre vor Ort hergestellten Stücke zum Verkauf an. Hier finden Sie Keramik, Ikonenmalerei, Holzschnitzerei, Stoff- und Ledergestaltung sowie Glaskunst.
Dimonaktos-Str. 2, Mo–Fr 10–18, Sa bis 14 Uhr

Goldene Meile
Juweliergeschäfte in der Altstadt 2

In der Onasagorou-Straße reiht sich ein Schmuckladen an den anderen. Auf der anderen Seite der Trennungslinie geht diese Goldmeile gleich hinter dem Checkpoint weiter bis in die Kyrenia-Straße hinein. Preiswerte Gliederketten von der Rolle und handgefertigte Preziosen.
Onasagorou-Straße bis Faneromeni-Platz (Südnikosia) und Kyrenia-Straße (Nordnikosia)

Scharfes und Süßes
Çıraklı Market 3

Wie das duftet! Der Lebensmittelladen in Nordnikosias Basarstraße verkauft Zimtstangen, Lorbeer, Paprika, Pfeffer, Kreuzkümmel & Co noch als lose Ware. Und zwar zu Lebensmittelpreisen und nicht als Luxusartikel. Außerdem: frische Nüsse und handgefertigte Süßigkeiten (*lokum*) einpacken lassen.
Arasta-Str. 64–66, Mo–Sa 6.30–19 Uhr, Gewürze ab 3 €/kg, Walnusskerne 14,50 €/kg

---

SOMMER IN DER STADT

Auf dem Höhepunkt des Sommers geht in Nikosia gar nichts mehr. Scheinbar die gesamte Bevölkerung ist im Urlaub, kleine Geschäfte und Dienststellen sind geschlossen, die Stadt schläft, weil sich alle in die Berge oder ans Meer flüchten. Bei bis zu 42 Grad im Schatten kann man das niemandem verübeln. Als Datum des absoluten Stillstands gilt der 15. August. An diesem gesetzlichen Feiertag (Süd) strömt die Bevölkerung in den Dörfern ihrer Kindheit oder Verwandtschaft zusammen, um gemeinsam zu feiern und zu tafeln. Nikosia bleibt dann wie ausgestorben zurück.

 # 2

Lebenselixier der Zyprer – **Kaffee-Folklore**

Der Kaffee in Zypern ist ein universelles Hausmittel, das in jeder Situation seine ganz spezielle Wirkung entfaltet: zum Wachwerden, um Geschäfte zu besiegeln, um Gäste willkommen zu heißen, um Streitigkeiten beizulegen und neue Freundschaften zu schließen.

Die alte arabische Machart, das Kaffeepulver zusammen mit dem Wasser aufzukochen, ist in Zypern seit der Machtübernahme der Osmanen (1571) üblich. Kaffeehäuser, die wie Pilze aus dem Boden sprossen, waren für die Männer Orte der Entspannung, der Kommunikation, der Unterhaltung und der Politik. Die Frauen tranken ihren Kaffee zu Hause, zusammen mit den Nachbarinnen, um die wichtigsten Neuigkeiten auszutauschen. Und um sich von der *kafetzoú*, der Kaffeesatzleserin, die Zukunft voraussagen zu lassen.

Keine Gastfreundschaft ohne Kaffee

Der kleine schwarze Mokka ist untrennbar mit der zyprischen Gastfreundschaft verbunden. Die drei wichtigsten Fragen eines Gastgebers lauten demzufolge: Wie geht es dir? Was machen die Geschäfte? Wie möchtest du deinen Kaffee? Da dem Kaffee schon beim Aufkochen der Zucker beigegeben wird, steht die Entscheidung an, ob man ihn ohne, mittel oder süß bestellt. Der Kaffee wird direkt in dem *briki* genannten Kännchen aufgebrüht. Traditionell wurde dazu heißer Sand genutzt, aber eine Gasflamme tut es auch. Serviert werden die Tässchen auf einem Tablett, und an der Ausrichtung der Henkel ist erkennbar, welcher Kaffee gesüßt oder ungesüßt ist. Fehlt der cremige Schaum auf dem Getränk, so sagt man, verliert der Gastgeber sein Gesicht. Die kleinen Kaffee-Rituale des Alltags sind ein lebendiges Stück Kultur, das scheinbar alle Moden überlebt. Denn eines wird es wohl nie geben: zyprischen Mokka to go.

7 STÜHLE

Wie viele Stühle braucht man in Zypern, um einen Mokka im Kaffeehaus zu sich zu nehmen? Sieben! Einen, um darauf zu sitzen, je einen für jeden Arm und jedes Bein, einen als Gepäckablage und einen als Abstellfläche für das Tablett.

Bestellen Sie bei einem Zyperngriechen niemals türkischen Kaffee. Das nimmt er aus politischen Gründen sehr übel.

Lesen aus dem Kaffeesatz

Manche türkisch-zyprische Frau versteht sich noch auf das Wahrsagen aus dem Kaffeesatz. Wenn Sie es selbst probieren wollen – nur zu: Genießen Sie Ihren Mokka, bis nur noch der Bodensatz in der Tasse zurückbleibt. Alsdann drehen Sie die Tasse mit Schwung um und stellen sie kopfüber auf die Untertasse. Um die angetrockneten Kaffeereste in der Tasse zu deuten, ist Fantasie gefragt. Hier einige Beispiele für Symbole:

Adler: Neuerungen im Leben
Bohne: finanzielle Schwierigkeiten
Ei: Wohlstand und Erfolg
Fisch: Dein Leben wird reizvoller.
Glocke: überraschende Neuigkeiten
Kamel: Ein Wunsch geht in Erfüllung.
Rad: Das Glück wandelt sich.
Stiefel: Geschenke und Geld
Tor: Gelegenheiten zum Erfolg

INFOS/ÖFFNUNGSZEITEN

Özerlat ❻ ist die älteste türkisch-zyprische Kaffeemarke (gegr. 1932). Der Senior-Chef Derviş Özerlat betreibt mit seiner Frau ein Café in Nordnikosia, wo er auch frisch gebackenen Kuchen anbietet (Arasta-Str. 73A, tgl. 8–18 Uhr). Die griechisch-zyprische Traditionsmarke **Charalambous** ❼ (gegr. 1943) vertreibt ebenfalls ihren Kaffee nicht nur in Supermärkten, sondern unterhält ein Café in der Altstadt (Süd), dort wo die Rösterei einst gegründet wurde (Ledra-Str. 118, Mo–Fr 10–20, Sa/So 10–21 Uhr).

KULINARISCHES FÜR ZWISCHENDRIN
Inga's Veggie Heaven ❺: ▶ S. 21

BAUERNSCHLAU

Die besten lokalen Rezepte gibt's vom Bauern. Wenn ich auf dem Markt Gemüse, Schnecken oder Kräuter kaufe, frage ich die Händler nach ihren Tipps. Die sind für Küche und Haushalt gleichermaßen brauchbar. Oder wussten Sie etwa, dass Schuhe einen besonderen Glanz bekommen, wenn sie mit Bananenschalen abgerieben werden? In Nikosia findet der **Bauernmarkt** jeden Mittwoch und Sonnabend von 5 bis 16 Uhr auf der Constanza-Bastion neben der Bayraktar Moschee statt (am Oxi-Kreisverkehr).

✴ **Wenn die Nacht beginnt**

Tanz auf den Barrikaden
Palaiá Pineza ✴
Der beste Platz für Cocktails und Musik am vergessenen Ende der Altstadt. Freitags und samstags legen in der Palaiá Pineza (›Alte Reißzwecke‹) DJs auf, getanzt wird auf der Straße neben den alten Barrikaden an der Trennungslinie. Der preisgekrönte Drink des Hauses,

›Beet Kiss‹, färbt die Lippen blutrot. Tipp für Figurbewusste: als gratis Snack nicht nur Nüsse, sondern auch Apfelschnitze mit Zimt.
Manis-Str. 14, T 70 00 19 91, tgl. 19–3 Uhr, Cocktails ab 7,50 €, Bier 3,50 €, Wein 4,50 €

Die Wohnzimmerbühne
Enallax ✴
Die Kellerkneipe mit der wohl kleinsten Bühne Zyperns war in der Musikszene schon in den 1980er-Jahren bekannt. Hier eine lokale Rockband zu erleben, hat etwas von Wohnzimmerkonzert. Ganz unkompliziert können Sie mit den Musikern hinterher an der Bar ein Bier trinken.
Athinas Avenue 16/17, T 22 43 01 21, Konzerte 5 €, Fr/Sa 20–2 Uhr, Bier/Wein 4 €, harte Drinks 6 €

Tradition hoch cool
Kafeneio 11
Feiern wie die Alten, Spaß haben wie die Jungen. Im begrünten Hof des Kafeneio 11 spielen Musiker das traditionelle Rembetiko, den ›griechischen Blues‹. Richtig abgefahren wird es, wenn der selbst gebrannte Zivanía ins Spiel kommt und die Stammgäste anfangen zu tanzen. Donnerstag ist Jazz-Tag.
Peiraios-Str. 27, Facebook: Kafeneion 11, Do–Sa 21.30–3 Uhr, Bier 3 €, Wein 4 €, Tapas 5 €

🚴 **Sport & Aktivitäten**

Stadttour mit 20 km/h
Segway Station ❶
Warum sollten Sie sich in Sommerhitze zu Fuß durch die Stadt quälen? Segways sind eine echte Fortbewegungs-Alternative. Die geführten Rundtouren auf zwei Rädern sind langsam genug, um alles zu sehen, und schnell genug, um nicht zu schmilzen. Da bekommen Sie in 3 Std. mehr auf die Augen als bei einem Spaziergang zu Fuß.
Aischlou-Str. 77a, hinter der Faneromeni-Kirche; www.segwaystationcyprus.com, 10.30 und 14.30 Uhr, ab 32 €

Fahrrad-Kutsche
Taxi Bike ❷
Gemütlich im Anhänger sitzen und die nördliche Altstadt im Schneckentempo entdecken. Die geführten Rundfahrten dauern ca. 40 Min., Abfahrt hinter der alten Markthalle.
Uray-Straße, Studio 21, T 0090 54 88 30 21 21, 10 €

··

INFOS

··

Tourist-Information
Süd: Aristokyprou-Str. 11, Laiki Geitonia, T 22 67 42 64, Mo–Fr 8.30–16, Sa bis 14 Uhr
Nord: Girne-Tor, T 227 29 94, Mo–Fr 8–17, Sa/So 9–16 Uhr
Gratis-Führungen: durch die Altstadt (Do), durch die Viertel außerhalb der Stadtmauern (Mo), Beginn 10 Uhr, Treffpunkt: Büro der Tourist-Information, Laiki Geitonia
Spezial-Führung mit der Historikerin **Anna Marangou** (dt./engl.), Angebote auf www.historiccyprus.com
Busse: Abfahrt der Stadtbusse und Intercity-Busse in alle größeren Städte der Insel vom Busbahnhof am Solomou-Platz. Überlandbusse starten meist am Kolokasi-Parkplatz auf der Podocatero-Bastion. Näheres unter www.cyprusbybus.com.
Der zentrale Busbahnhof für Nordnikosia ist das Yeniseher Terminal. Bequemer zu erreichen sind die Stopps in der Innenstadt nahe dem Girne-Tor, an denen die Busse nach Keryneia (Haltestelle Atatürk-Denkmal) und Famagusta (Haltestelle hinter der Tankstelle) ebenfalls Halt machen.

··

TERMINE

··

Pride Parade: Ende Mai. Das in jeder Hinsicht bunte Fest findet in Zypern seit 2014 statt. Zur öffentlichen Party ist Nikosias Innenstadt prall gefüllt mit allerlei Paradiesvögeln und Zaungästen.
Nicosia Festival: Juli/Aug. Auf öffentlichen Plätzen und in Parks spielt die Musik, an den Wochenenden spendiert die Stadt gratis Konzerte und Tanzaufführungen.

Drinnen spielt die Musik, getanzt wird draußen: Miniclubs wie das Palaiá Pineza sind schwer angesagt.

3

Fossilien sammeln – in der Kakarístra-Schlucht

Muscheln in Nikosia? Angesichts der Tatsache, dass die Hauptstadt vom nächsten Strand 20 km entfernt ist, kann diese Frage selbst Zyprer ins Grübeln bringen. Dabei ist die Antwort eigentlich ganz einfach: Sie müssen nur eine Schlucht besuchen, die nicht einmal allen Einheimischen bekannt ist.

Zypern wurde aus dem Meer geboren, nicht nur mythologisch, auch erdgeschichtlich. Es ist etwa 25 Mio. Jahre her, dass sich aus dem Ur-Meer Tethys ein Gebirge dort erhob, wo heute die Berge des **Tróodos** aufragen. 10 Mio. Jahre später entstand nördlich der einsamen Gebirgsinsel eine zweite Erhebung, das **Fünffinger-Gebirge.** Dazwischen lag ein Flachmeer, das vor 2 Mio. Jahren verschwand. Die fruchtbare Ebene, die sich seither zwischen den beiden Gebirgen erstreckt, heißt **Mesaoría** (›zwischen den Bergen‹). Die einstigen Bewohner des Ur-Meeres sind längst versteinert und meist im Erdreich verborgen. Doch in den Gesteinsschichten kommen die Fossilien ans Licht der Gegenwart. So etwa an Steilküsten oder in freigelegten Bergschnitten, die beim Straßenbau entstanden sind. Oder eben auch in der Kakarístra-Schlucht am Stadtrand von Nikosia.

Der Abstieg zur Schlucht

Ein bisschen Abenteuerlust und festes Schuhwerk sind schon nötig, wenn Sie die Schlucht hinabsteigen wollen. Das hört sich schlimmer an, als es ist. Wir reden ja nicht vom Grand Canyon. Vom Feldweg bis zu dem abfallenden Gelände, das man tatsächlich erst sehen kann, wenn man unmittelbar davor steht, laufen Sie maximal 200 m. Suchen Sie sich den für Sie einfachsten Trampelpfad zwischen den Büschen und klettern sie etwa 3 m nach unten. Die lehmige Erde der steilen Schlucht ist ausgewaschen und bringt die fossilen Schätze en masse zu Tage. Manche fallen

S
SOUVENIR

Schenken Sie sich selbst ein besonderes Souvenir und nehmen Sie eine Ur-Muschel mit nach Hause. Als Erinnerung daran, dass dort, wo heute die Hauptstadt Zyperns liegt, einmal ein mächtiges Meer wogte.

Ihnen direkt vor die Füße, andere lassen sich mit sanftem Druck aus der Wand lösen. Wenn Ihre Finger darüber streichen, wird Ihnen bewusst, dass Sie ein Geschöpf in den Händen halten, das vor mindestens 2 Mio. Jahre gelebt hat.

Hier war mal Meeresgrund. Übrig geblieben sind versteinerte Muscheln.

Randvolle Felswände

Die Schlucht ist etwa 1 km lang und 10 m breit. Das Gestein, durch das die Schlucht sich eingegraben hat, besteht aus sandigem Mergel, Kalksandstein und Kalkstein. Die Fossilien stammen aus dem Pliozän. Zu finden sind Versteinerungen der Europäischen Auster, von Jakobsmuscheln und Seepocken.

ANFAHRT

Die Kakarístra-Schlucht liegt westlich der Autobahn A1 Nikosia Richtung Lárnaka, ca. 2 km vom GSP-Stadion entfernt. Bester Anhaltspunkt ist das **Cyprus Pedagogical Institute.** Von dort geht es auf der Straße, die parallel zur Autobahn verläuft, noch ca. 800 m weiter bis zu einem rechts abbiegenden Feldweg, der nach 150 m zur Schlucht führt. Das Auto kann man direkt am Wegesrand parken und dann die letzten m zu Fuß gehen (GPS-Daten: 35.093462, 33.368257).

KULINARISCHES FÜR ZWISCHENDRIN

Kafeneion Koukounári ❽: Wer im Grünen nicht nur wandern, sondern auch Kaffee trinken möchte, fährt trotzdem am besten zurück in die Stadt in den Park der Universität Zypern. Dort im Freiluftcafé bekommen Sie u.a. Bio-Tee, Kaffee und Bier, und die hohen Bäume spenden auch im Sommer Schatten (Akadimias-Park, Eingang Larnakos-Allee, tgl. 8–19 Uhr, T 22 30 58 54, 99 33 43 49).

Faltplan: G/H 6

AglanJazz: Anfang Juli. Der Stadtteil Aglantzia glänzt mit dem ältesten Jazz-Event der Stadt. Auf dem ehemaligen Dorfplatz kommen internationale und lokale Musiker zu beeindruckenden Sessions zusammen.

Bierfest: Anfang Sept. Die Nikosianer sind stolz auf ihr Bierfest, obwohl es mit dem großen deutschen Vorbild des Oktoberfestes nicht mithalten kann. Trotzdem geht es im Graben der Stadtmauer an Getränke- und Wurstbuden mit wechselnden Live-Bands auf der Bühne hoch her. Und weil es so gut läuft, gibt es zur gleichen Zeit eine Konkurrenzveranstaltung im Park der Uni: das Septemberfest.

AUSFLÜGE VON NIKOSIA

Gräber aus der Bronzezeit
Tamassós
»Wir sind unterwegs mit einer Ladung schimmernden Eisens, für das wir Kupfer eintauschen wollen, zu dem fremdartig sprechenden Volk von Temesse«, heißt es in Homers »Odyssee«. Gemeint ist hier Tamassós, das für sein Kupfer berühmte Stadtkönigreich der Antike.

An der Ausgrabungsstätte nahe dem Dorf **Politikó** (🗺 G 6) sind vor allem die Königsgräber aus dem 7. Jh. v. Chr. sehenswert. Sie sind in Fels geschlagene Ebenbilder hölzerner Gebäude jener Zeit.

21 km südwestl. von Nikosia, Sommer Mo–Fr 9.30–17, Winter 8.30–16 Uhr, Eintritt 2,50 €

Fikárdou 🗺 F 7

In dem Dörfchen Fikárdou, 35 km von Nikosia entfernt, leben nur noch 13 Leute. Dafür sind seine Häuser und Straßen nahezu im Originalzustand aus dem 18. Jh. erhalten. Beim Spaziergang über das Kopfsteinpflaster habe ich jedes Mal das Gefühl, mich auf eine Zeitreise zu begeben.

Museumsdorf in den Bergen
Volkskundemuseum
Das sog. Haus des Katsinioros (16. Jh.) dient als Museum mitsamt Wohnungseinrichtung und landwirtschaftlichem Gerät des ehemaligen Besitzers. Mit einem steil geneigten Holzdach und entsprechend der traditionellen Anordnung von Häusern

Jedes Kirchenbild erzählt eine Legende, wie die vom Hl. Mamas rechts, der dem Statthalter keine Steuern zahlen wollte.

dieser Zeit diente das Obergeschoss als Wohnbereich, während das Erdgeschoss zum Pressen der Trauben sowie zur Lagerung landwirtschaftlicher Produkte und Geräte genutzt wurde.
Tgl. 9.30–17, Winter 8.30–16 Uhr, 1,70 €

🍴 Urig
Yiannakos Taverne
Bäuerliche Gerätschaften an den Wänden, traditionelle Gerichte auf dem Teller.
An der Hauptstraße des Dorfes, Mo–Do 9.30–19, Fr bis 2, Sa/So bis 21 Uhr, Mezé ab 12 €

Klösterliche Idylle
Kloster Machairas
In idyllischer Berglage ist das Kloster Machairas für spirituelle Einkehr wie für Waldspaziergänge ideal. Benannt ist es laut Legende nach dem göttlichen Messer (griechisch: *machairi*), das zwei Einsiedlern im 12. Jh. ermöglichte, die dort in einer zugewucherten Höhle versteckte Marienikone zu bergen. Der aktuelle Bau stammt aus dem 19. Jh. Nach Besichtigung der Anlage, einschließlich der Zelle, die an den zyprischen Widerstandskämpfer Grigoris Afchendoiu erinnert, der 1958 von den Briten als Terrorist getötet wurde, werfen Sie unbedingt noch einen Blick in den Klosterladen. Ikonen, Kräuter, Wein und Öl sollen aus mönchischer Produktion stammen.
Tgl. außer Fei 8.30–17.30 Uhr, Eintritt frei

Pedoulas 🗺 D 7

Ins 70 km südwestlich von Nikosia gelegene Pedoulas zieht es mich immer wieder: im Frühling wegen der Kirschblüte, im Sommer wegen der Früchte und zu Ostern wegen der Prozession durch die gewundenen Straßen. Wie Schwalbennester kleben die Häuser an den Hängen.

Dorf der Kirschen und Kirchen
Die Häuser blicken alle auf die große **Kirche des Heiligen Kreuzes,** die in der Mitte thront. Sie ist aber längst nicht das einzige Gotteshaus des

Ortes. Bekannter noch ist die niedrige **Scheunendachkirche des Erzengels Michael** mit wundervollen Wandmalereien aus dem 15. Jh., die auch zum UNESCO-Weltkulturerbe gehört (tgl. 10.30–16.50 Uhr, Eintritt frei, Spenden erwünscht). Außerdem verfügt Pedoulas über acht weitere Kirchen und Kapellen sowie ein **Byzantinisches Museum** und ein **Folkloremuseum** (beide tgl. 9–16 Uhr, Eintritt frei).

Kleine Erfrischung gefällig?

Kakopetriá 🗺 E 7

Der Ort ist ein beliebtes Ausflugsziel für die Hauptstädter. Vor allem auch wegen der munter fließenden Bäche Karkótis und Garíllis, die im Sommer für kühle Frische sorgen und die Wassermühle aus dem 18. Jh. bis heute antreiben.

Mehr als nur frisch
Die eigentliche Attraktion des Dorfes ist der historische Kern: ›Paliá Kakopetriá‹ bezaubert mit traditioneller Architektur und stellt seine ländliche Vergangenheit im **Linos-und Oliven-Museum** aus, das sich den drei wichtigsten Produkten der Vorzeit – Wein, Brot und Olivenöl – widmet (tgl. 9–16 Uhr, Eintritt frei). 5 km außerhalb des Dorfes liegt ein ›must-see‹: Die **Scheunendachkirche Ágios Nikolaos tis Stégis** (11. Jh.) gehört zu den zehn Gotteshäusern im Tróodos, die aufgrund ihrer Gestalt und ihrer farbenprächtigen Fresken auf die Liste des UNESCO-Weltkulturerbes gesetzt worden sind (Di–Sa 9–16, So 11–16 Uhr, Eintritt frei).

Lárnaka und der Osten

Landen, ankommen, baden! Die östliche Umgebung der Hafenstadt gilt als Badewanne Zyperns, sind doch hier die begehrtesten Touristenorte Agía Napa und Protarás beheimatet. Aber auch Lárnaka selbst, das zu den 20 ältesten Städten der Welt gehört, und das rückwärtige Bergland sorgen für reizvolle Momente. Zyperns schönstes Kunsthandwerk – Lefkara-Spitze, Silberschmiedekunst und Korbflechtereien – hat hier seinen Ursprung. Machen Sie sich gefasst auf spannende Entdeckungen in einer unterschätzten Region.

Lárnaka 🗺 J 7

Die vielen Facetten der beschau-
lichen Küstenstadt sind nicht
auf den ersten Blick zu erkennen. Einerseits lebt Lárnaka von
seiner Vergangenheit als antikes
Stadtkönigreich Kítion, von der
Berühmtheit des vom Tode er-
weckten Lazarus und dem Charme
der schmucken Altstadt. Aber die
Moderne behauptet ihren Platz.
Die Tauchgemeinde der ganzen
Welt kennt das Zenobia-Wrack.
Eher als Geheimtipp gehandelt
wird noch die vielschichtige Kunst-
szene der Stadt. Mit seinen 86 000
Einwohnern ist Lárnaka trotz des
nahen Flughafens und attraktiver
Open-Air-Veranstaltungen eine
Oase jenseits der Bettenburgen in
der Nachbarschaft geblieben.

....
WAS TUN IN LÁRNAKA?
....

Der Sun-Strip unter Palmen
Mein erster Weg in Lárnaka führt mich
immer an die **Finikoudes-Promenade.**
Links die Stadt und rechts der Strand,
dazwischen eine einspurige Straße
– bestes urbanes Urlaubsfeeling. Die
Bummelmeile, die sich eigentlich nur
über 500 m erstreckt, ist nach den Palmen benannt, die 1922 hier gepflanzt
wurden.
Gleich hinter der **Marina** 1 beginnt die
Strandpromenade, auf der Sehen und
Gesehenwerden einfach dazu gehört.
Das gilt für die Gäste in den Cafés und
Bars ebenso wie für die Autofahrer,
die mit aus dem Fenster gelegtem Arm
langsam vorbeirollen, als auch für die
Strandschönheiten auf ihren Sonnen-
liegen. Statt Leute gucken bietet sich
aber unbedingt auch ein Blick in die
Städtische Kunstgalerie 2 an, die im
alten Zollgebäude untergebracht ist. Die
ständige Ausstellung gibt einen guten
Überblick über das zeitgenössische
zyprische Kunstschaffen (Plateía Evropis,
Mo–Fr Sommer 9–13 und 16–19, Win-

ter 10–13 und 15–18 Uhr, Sa 10–13
Uhr, Eintritt frei).
Am Abend genießt man ungestörte
Momente auf der kleinen **Seebrücke**
3 neben dem Kastell mit Blick auf die
beleuchtete Palmenpromenade. Kein
Wunder, dass sich inzwischen etliche
Love-Locks am Geländer angesammelt
haben.

Im historischen Kiez
An der Rückseite der Palmenprome-
nade erstreckt sich das traditionelle
Stadtviertel, das **Laiki Geitonia** 4, in
dem sich Bars und Kneipen drängen.
Der Geselligkeitsfaktor ist in diesem
Kiez besonders hoch. Rund um die alte
Markthalle 5 hat das Schlendern und
Stöbern angesichts dutzender hübscher
Geschäfte und Cafés seinen besonde-
ren Reiz. Das Gebäude an sich harrt
noch der Renovierung und bietet einen
seltsamen Mix aus Grünzeug, Souvenirs
und Schnickschnack (Sommer Mo, Di,
Do, Fr 7.30–20, Mi, Sa bis 14, Winter
Mo, Di, Do, Fr bis 17, Mi, Sa bis 13 Uhr,
So geschl.).
Wahrzeichen des historischen Viertels
ist die **St. Lazarus-Kirche** 6, die
Hauptkirche von Lárnaka. Laut Bibel
erweckte Jesus seinen Freund Lazarus
aus Bethanien von den Toten. Der
Auferstandene reiste später nach Zypern
und wurde als Bischof des Königreiches
Kítion berufen. Im kleinen Museum
neben der Kirche sind Ikonen, Bücher
und Kreuze ausgestellt (Kirche und
Museum: Sommer tgl. 8–18.30, So
6.30–12.30, 15.30–18.30, Winter tgl.
8–12.30, 14.30–17.30, So 6.30–12.30,
15.30–17.30 Uhr, Eintritt frei).

Das alte Türkenviertel
Gleich hinter dem mittelalterlichen
Hafenkastell 7 beginnt ein anderes
Viertel mit Tradition. Die **Kebir (Büyük)
Cami** 8 war die erste Moschee in
Zypern, die nach der Eroberung der
Insel durch die Osmanen 1571 erbaut
wurde. Nachdem die Uferstaße 2014
komplett umgebaut wurde, gilt sie als
attraktive Verlängerung der Finikoudes.
Fischrestaurants und Cafés bieten hier

Um die St. Lazarus-Kirche scharen sich Tauben, Cafés, Hotels und Kneipen.

die besten Plätze mit Blick aufs Meer. Planespotter haben ihre besondere Freude, denn vor der Landung auf dem nahe gelegenen Flughafen geben die einfliegenden Maschinen mit dem Meer als Kulisse ein großartiges Motiv ab. In den kleinen Gassen und Seitenstraßen haben Gewerke und Kunsthandwerk wie in alten Zeiten ihren festen Platz. Die Uferstraße führt immer weiter bis zum **Fischerhafen** 9 (Psarolímano), wo die kleinen Boote auf den Wellen dümpeln und der Fang in diversen Fischtavernen frisch auf den Tisch kommt. Ab hier beginnt ein lang gestreckter Strandabschnitt, bekannt als **Mackenzie Beach** 10. Familien mit Kindern lieben ihn des flachen Wassers wegen, alle anderen wegen der unzähligen Bars und Cafés. Manche der hier stattfindenden Sommernachtpartys haben Kultcharakter.

Zu den Ursprüngen der Stadt
Kítion 11
Wer Kontakt mit dem Ur-Lárnaka aufnehmen will, macht einen Abstecher zur Ausgrabungsstätte von Kítion.

Die erste Besiedelung der Gegend liegt 3300 Jahre zurück. Damit gehört Lárnaka zu den 20 ältesten Städten der Welt, die durchgängig bewohnt wurden. Eines der interessantesten architektonischen Überbleibsel ist der phönizische Astarte-Tempel. Die Fruchtbarkeitsgöttin wurde später auf der Insel weiterhin verehrt – als Aphrodite.
Archbishop Kyprianos Avenue, Mo–Fr Sommer 9.30–17, Winter 8.30–16 Uhr, 2,50 €

MUSEEN, DIE LOHNEN

Blick in die Galgenkammer
Mittelalter-Museum 12
Seit dem 14. Jh. wacht die kleine Burg über die Stadt Lárnaka und wurde auch als Gefängnis genutzt. Die Britischen Kolonialherren richteten Anfang des 20. Jh. gleich hier die Verbrecher hin. Beim Blick in die Galgenkammer stellt sich ein kleiner Gruseleffekt ein. Im Innenhof finden regelmäßig Konzerte statt.
Tasos Mitsopoulos Avenue, Sommer Mo–Fr 8–19.30, Sa/So 9.30–17, Winter Mo–Fr 8–17, Sa/So 9.30–17 Uhr, 2,50 €

LÁRNAKA

Sehenswert

1. Marina
2. Städtische Kunstgalerie
3. Seebrücke
4. Laiki Geitonia
5. Markthalle
6. St. Lazarus
7. Hafenkastell
8. Kebir (Büyük) Cami
9. Fischerhafen
10. Mackenzie Beach
11. Ausgrabungen von Kítion
12. Mittelalter-Museum
13. Pierides-Museum
14. Kyriázis Medizin-Museum

In fremden Betten

1. Boutiquehotel Lokàl
2. Zodiac Hotel Apartments
3. Hotel Opera

Satt & glücklich

1. Oak Tree
2. Lomography
3. The Secret Garden

Stöbern & entdecken

1. Studio Ceramics Cyprus
2. Art by Theo Michael
3. Halcoessa Copper Art

Wenn die Nacht beginnt

1. Stone Age Pub
2. BLOK Cocktail Bar
3. Lush Beach Bar-Resto

Sport & Aktivitäten

1. P&P Bike Rentals

Kultfiguren aus Ton
Pierídes-Museum 13

Zyperns Töpferkunst hatte schon in der Bronzezeit einen Weltruf. Gefäße, Figuren und Kultobjekte wurden auf der Insel hergestellt. Einige prächtige Beweisstücke sind im Pierídes-Museum zu sehen. Es ist das älteste Privatmuseum der Insel, und die Exponate gehören zu den bedeutendsten des Landes. Begeben Sie sich auf eine Reise durch 5000 Jahre zyprischer Kultur.

Zinonos Kitieos-Str. 4, Mo–Do 9–16, Fr/Sa 9–13 Uhr, So geschl., 3 €

Es tut auch gar nicht weh
Kyriázis Medizin-Museum 14

Wer Angst vor Ärzten hat, sollte um dieses Museum vielleicht lieber einen Bogen machen. Alle anderen begeben sich hier auf eine Zeitreise der besonderen Art. Die medizinischen Behandlungsmethoden von der römischen Periode bis ins 20. Jh. sind anschaulich anhand von Instrumenten, Möbeln, Geräten und Bildern dargestellt. Der Betreiber des Museums, Dr. Kyriázis, lässt Besucher bei Bedarf auch spontan außerhalb der Öffnungszeiten ein. Einfach mal anrufen.

Karaoli und Demetriou-Str. 35, T 97 60 64 24, Mi und Sa 9–12.30 Uhr, Eintritt frei

SCHLEMMEN, SHOPPEN, SCHLAFEN

🏠 **In fremden Betten**

Urbaner Luxus
Boutiquehotel Lokàl

Pool auf dem Dach, Blick über die Stadt und das Meer in Sichtweite. Dieses Boutique-Hotel ist zwar etwas teurer, aber dafür bietet das Lokàl auch ein besonderes Flair. In dem denkmalgeschützten Gebäude aus dem späten 19. Jh. mit einem zeitgenössischen Erweiterungsbau in der Nähe der Lazaruskirche ist die Fusion von Vergangenheit und Gegenwart bestens gelungen.

Ayiou Lazarou 98, T 24 02 31 02, www.lokal cyprus.com, DZ/F mit WiFi 195 €

Badeurlaub in der Stadt
Zodiac Hotel Apartments 2

Unabhängig und direkt gegenüber vom Strand wohnt man in diesen Selbstversorger-Apartments mit Herd. Das Haus an der Palmenpromenade ist zentral gelegen für Stadtbummel und Badeurlaub gleichermaßen. Von den kleinen Balkonen Meerblick.

Athinon Ave. 102, T 24 40 02 96, www.zodiac hotelapts.com, DZ mit Seeblick und WiFi ab 85 €

Logenplatz an der Lazaruskirche
Hotel Opera 3

Am Platz der Lazaruskirche drängen sich Hotels, Kneipen und Cafés. Wer mittendrin sein will und mit kleineren Räumen zufrieden ist, trifft es mit dieser Herberge richtig. Ein Tresen mit Getränken und Snacks ist 24 Std. zugänglich, die Loggia zum Hof dient als Frühstücksraum und zum geselligen Sitzen.

Faneromenis Ave. 11, St.-Lazarus-Platz, T 24 40 01 12, www.operahotelcyprus.com, DZ mit WiFi, Heißgetränken, Keksen, Kuchen, Obst ab 75 €

🍴 **Satt & glücklich**

Auf den Geschmack kommen
Oak Tree 1

Um zyprische Weine zu verkosten, müssen Sie nicht in die Berge fahren. Die kleine Weinbar mitten in der Altstadt serviert für einen Fixpreis acht verschiedene Kreationen einheimischer Winzer, Commandaria und Orangenlikör.

G. Drousiotis-Str. 9, T 24 81 50 44, www. cypruswinesonline.com, Mo–Do 9–21, Fr/Sa 23 Uhr, So 16–20 Uhr, Verkostung 12 €

Café für Analog-Fotografie
Lomography

Irene rühmt sich, das erste Fotothemen-Café in Zypern zu führen. Bei ihr trifft sich die Foto-Community, denn sie serviert nicht nur Kaffee und Drinks, sondern organisiert auch Ausstellungen und Workshops. Kameras und Filme für Lomo-Liebhaber gibt es bei ihr auch.

Nikolaou Rossou-Str. 38, T 24 25 58 80, Di–So 10–21 Uhr, Café Latte 2,75 €, Käse-Obst-Brot-Platte 10 €

Einer der beliebtesten zyprischen Snacks hat seine Wurzeln in Lárnaka. *Koúpa* (Mehrzahl: *koúpes*) ist eine ovale frittierte Bulgur-Tasche, gefüllt mit Hackfleisch, Zwiebeln, Petersilie und Gewürzen. Angeblich haben die Phönizier vor 2500 Jahren dieses Fastfood erfunden. Nach dem Ersten Weltkrieg war Lárnaka landesweit bekannt für seine Koúpa-Stände, wo man das leckere Häppchen als Takeaway kaufen konnte. Als es in den 1940er-Jahren die ersten Autos auf der Insel gab, sollen die Leute dazu extra von Nikosia angereist sein. Heute wird der Snack in allen Bäckereien Zyperns angeboten.

Schlemmen im Hofgarten
The Secret Garden ❸
Wenn Sie genug haben vom Gewühl da draußen, können Sie sich in diesen süßen Innenhof zurückziehen. Viel Grün und viel Ruhe sind garantiert, obwohl das Lokal unmittelbar an der Lazaruskirche liegt. Zu empfehlen ist die Käseplatte, die großartig zu den lokalen Weinen von der reichhaltigen Karte passt.
St.-Lazarus-Str. 28, T 24 10 30 78, tgl. 11–23 Uhr, Hauptgericht ab 10 €

 Stöbern & entdecken

Fast Museumsstücke
Studio Ceramics Cyprus ❶
Echte Antiquitäten sind hier zwar Fehlanzeige, aber die Künstler sind auf Repliken von Museumsstücken spezialisiert. Das Angebot ist weit von der üblichen Teller-Töpfe-Tassen-Folklore entfernt. Hier finden Sie ganz besondere Souvenirs und richtige Sammlerstücke.
Akteniz-Str. 18, www.studioceramicscyprus.com, Mo–Sa 9–18 Uhr, Kleinode schon ab 12 €

Originale beim Meister kaufen
Art by Theo Michael ❷
Theo Michael porträtiert die Stadt im Stil des Film Noir und verleiht ihrer Szenerie damit einen Hauch von Hollywood. Seine Frau Anja spricht deutsch und erklärt die Bilder in der Galerie, während Theo im Nebenraum arbeitet, wo er sich über die Schulter schauen lässt.
Agías Elenis 5, www.artbytheomichael.com, Mo–Fr 10–17, Sa 10–13 Uhr, Drucke ab 15 €, Originale ab 300 €

Blanke Nostalgie
Halcoessa Copper Art ❸
In diesem Laden blitzt es nur so. Alles ist aus Kupfer, vom Kessel bis zum Armreifen. Auf Wunsch wird auch graviert, um ein Souvenir noch persönlicher zu machen. Zwischen modernem Design finden sich auch echte Antiquitäten. Stöbern lohnt sich.
Kleanthi Kalogera-Str. 20, Laiki Geitonia, T 24 65 74 26, Facebook: HalcoessaCopperArt, Mo–Fr 9.30–18, Sa 9–15, So 10–15 Uhr

 Wenn die Nacht beginnt

Steinalt und quicklebendig
Stone Age Pub ❶
An dieser Kneipe kommt keiner vorbei, sie gehört zu Lárnaka wie das Kastell. Tatsächlich ist das der älteste Pub der Stadt und mittlerweile eine Institution. Die Wände sind dekoriert mit Musikwünschen, Briefen und Plakaten aus 25 Jahren Nachtleben. Leider gibt es auch die obligatorischen Fußball-Screens, aber Stimmung und Livemusik überwiegen. Urig, rockig, zeitlos.
Watkins-Str. 9, tgl. ab 18.30 Uhr, Bier ab 3,50 €

Der Shooting-Star
BLOK Cocktail Bar ❷
Kaum eröffnet, war der Laden schon auf der Seite der World's Best Bars zu finden – nicht nur wegen des edlen Ambientes im historischen Gemäuer. Metropolite Cocktails gehen hier über den Tresen: sowohl Standards, die den konservativen Geschmack bedienen, als

Lárnaka treibt's bunt! Nicht nur beim Holi-Festival ›Colour War‹ geht an der Finikoudes-Promenade ordentlich die Post ab.

auch Eigenkreationen, die mit Gusto und großer Show kreative Charaktere glücklich machen.
Kleanthi Kalogera-Str. 53, tgl. 18–2 Uhr, fantasievolle Cocktails ab 8 €

Die edle Beach-Bar
Lush Beach Bar-Resto
Himmlisch: Alles in weiß, dazu das blaue Meer! Nicht mal zum Essen muss man die Location wechseln, die Karte ist verführerisch. Sich für einen Drink zu entscheiden, ist jedes Mal ein Drama. Wer erleben will, wie die Generation Y in Zypern feiert, sollte unbedingt die griechischen Abende und die Livekonzerte besuchen.
Tasou Mitsopoulou-Straße, tgl. 9 Uhr, bis der Letzte geht, Gerichte ab 10 €, Cocktails um 8 €

....

 Sport & Aktivitäten

Birdwatching
Von November bis Mai sind die Feuchtgebiete um Lárnaca voll von einheimischen und Zugvögeln. Beste Plätze zum Beobachten sind der Salzsee, das Oroklini-Marschland, Kap Greco, Pa-

ralímni-See und Achna-Damm. Geführte Birdwatching-Touren bietet der Verein BirdLife Cyprus an.
www.birdlifecyprus.org

E
EXPRESS EHEN

Schnell entschlossene Paare können in Zypern Nägel mit Köpfen machen. Viele Standesämter sind darauf eingestellt, Blitzhochzeiten abzuhalten. Wenn die Brautleute erklären, einander ehelichen zu wollen, die entsprechenden Papiere in englischer Übersetzung dabei haben und einen Express-Zuschlag bezahlen, kann die Zeremonie drei Tage später stattfinden. Das Prozedere dauert etwa 10 Min., einschließlich der Unterzeichnung aller Dokumente. Spezialisiert auf diesen Service ist zum Beispiel das Standesamt von Aradippou.
www.aradippou.org.cy

Radausflüge

Fahrradausleihen sind in verschiedenen Hotels und bei Einzelanbietern möglich, so vor der Lazaruskirche bei **P&P Bike Rentals** ❶. Geführte Touren haben u.a. **Zypernbike** und **Sunny Cycles** im Programm (www.zypernbike.de, www.sunnycycleslarnaca.weebly.com). Die **Lárnaka Cycling Community** trifft sich Mi 18.30 Uhr am Europa-Platz für eine Ausfahrt.

··

INFOS

··

Tourist-Information: Plateía Vasileos Pavlou, T 24 65 43 22, Mo–Fr 8–14.30, 15–18 (Winter bis 17.30), Mi 8–14.30, Sa 8–13 Uhr

Gratis-Führungen: »Lárnaka – Vergangenheit und Gegenwart«, Mi 10 Uhr, Treffpunkt: Büro der Tourist-Information, Plateía Vasiléos Pávlou; Führung durch das Handwerkerviertel, Fr 10 Uhr, Treffpunkt: Kastell, Palmenpromenade.

Busse: Die Zentrale Busstation befindet sich direkt hinter der Marina. Für ein 5-Euro-Tagesticket können Sie bis 23 Uhr alle Linien im Bezirk Lárnaka benutzen. Eine Übersicht finden Sie unter www.cyprusbybus.com. Außerdem gibt es ein Leaflet der Tourist-Information, das Sehenswürdigkeiten der Region mit Buslinien und Fahrzeiten aufzeigt (online: »Explore Larnaka Region by Public Bus«).

··

TERMINE

··

Epiphanie: 6. Jan. Das Fest der Erscheinung des Herrn beginnt mit einer Prozession von der Lazaruskirche zur Marina. Dort wirft der Priester ein Kreuz ins Wasser, junge Männer springen hinterher und holen es vom Meeresboden hoch.

Prozession des Hl. Lazarus: Acht Tage vor dem Orthodoxen Osterfest wird in Gedenken an den Hl. Lazarus dessen Bildnis durch die Straßen der Stadt getragen.

In der Ebene geht Biken auch im Sommer, wenn der Fahrtwind für Kühlung sorgt.

Anthestiria Festival: Mai. Die Feier zur Wiedergeburt des Frühlings wird mit Paraden, Tanz und frischem Blumenschmuck gefeiert.

Kataklysmos: Juni. Das Flutfestival findet am und im Meer statt: Bootsrennen, Konzerte, Schwimmwettbewerbe und Picknick auf dem Wasser.

....

AUSFLÜGE VON LÁRNAKA

....

Eine Ecke für Kenner

An den Küstenstreifen westlich von Lárnaka verirren sich nur Insider. **Kitemed Beach** bei **Perivólia** (🗺 J 8) ist ein Eldorado für Kitesufer. In unmittelbarer Nachbarschaft zum kleinen Leuchtturm finden Sie ein hübsches Art Café und urige Beachbars, die mehr nach Hippie als nach Hipster aussehen. In **Mazotós** (🗺 H 8) hat sich der **Camelpark** (www. camel-park.com) etabliert, in dem man auch als Erwachsener durchaus einen netten Nachmittag am Pool und bei einem Kamelausritt verbringen kann.

Zwar liegen die traditionellen Weindörfer im Tróodos, trotzdem führt eine Weinstraße durch die hügelige Landschaft zwischen Lárnaka und Nikosia. Auf dem Weg liegen die drei Weingüter **Dafermou** (Lefkara), **Ktima Christoudia** (Káto Drys) und **Aes Ambelis** (Kalo Chorio Oreinis). Eine hübsche Ausflugsroute, denn die zehn auf dem Weg liegenden Dörfer sind größtenteils sehenswert, und die Landschaft bietet bezaubernde Ausblicke.

Die Broschüre zur Weinstraße gibt es im Tourismusbüro.

Schön sein wie Kleopatra
Golden Donkeys Farm

Auch wenn Sie nicht scharf darauf sind, auf einem Esel zu reiten, ist die Eselsfarm in **Skarínou** (🗺 G 8) einen Ausflug wert. Sie widmet sich der Zucht der Tiere, um aus der Milch natürliche Schönheitsmittel herzustellen. Die werden, neben anderen Produkten aus Eselsmilch und Olivenöl, im hauseigenen Shop verkauft. Schon Kleopatra hat ja auf die Wirksamkeit von Eselsmilch geschworen. Ein Kräutergarten, alte Olivenbäume und ein rustikales Restaurant ergänzen die ländliche Idylle.

Skarínou Dorf, tgl. 9–18, Winter bis 17 Uhr, 3 €, www.goldendonkeys.com

Hier spielt die Musik
Káto Drys

Wie ausgerechnet das verwinkelte Bergdorf Káto Drys (🗺 G 8) zu der Ehre kam, mit dem **Fengaros** (www. louvanarecords.com) Schauplatz des größten alternativen Musikfestivals der Insel zu sein, ist nicht bekannt. Jedes Jahr Ende Juli zieht es Tausende Besucher zu den Open-Air-Bühnen. Gecampt wird vor Ort, um ja nichts von dem 6-tägigen Event zu verpas-

2 km² würziges Land – Spaziergang am Salzsee von Lárnaka

Dass ein einzelner See so viele Gesichter haben kann! Vor Jahrzehnten schufteten hier Salzbauern, am Ufer steht eines der wichtigsten Heiligtümer des Islam, und im Schlamm gründeln majestätisch die Flamingos. Am Ufer entlang führt ein 4 km langer Naturwanderweg.

Im Winter bevölkern hunderte rosa-gefiederte Flamingos den Salzsee. Sie lieben die Salzwasserkrebse, die sie hier finden. Sie staksen durch das flache Gewässer und gründeln nach den Leckerbissen. In manchen Jahren verbringen bis zu 10 000 dieser aparten Vögel ihren Winter in Lárnaka. Den lokalen Zeitungen ist es jedes Mal eine Meldung wert, wenn die ersten Tiere gelandet sind.

Salz auf unserer Zunge

Seinen Salzgehalt verdankt der See seiner Nähe zum Meer. Unter der heißen Sonne verdunstet das Wasser, und ab August erinnert das Gelände des Sees an eine Salzwüste. 2 km² würziges Land. Noch bis 1986 ernteten Salzbauern in der natürlichen Saline das ›weiße Gold‹ von Zypern. Früher war Salz als Konservierungsmittel unverzichtbar. Die Salzkruste knistert leise unter den Füßen, wenn man darüberläuft. Ganze Brocken getrocknetes Seesalz kann man aufheben und zwischen den Fingern zerbröseln.

Die Tante des Propheten

Am östlichen Ufer des Salzsees, eingerahmt von Palmen und Zypressen, erhebt sich eine kleine **Moschee**. Ihre bauliche Größe mag täuschen, ist sie doch von höchstem symbolischem Wert. Verehrt wird hier die Umm Haram, eine Tante oder nahe Verwandte des Propheten Mohammed, die während des 7. Jh. im Gefolge der ersten muslimischen Eroberer und Missionare von ihrem Maultier fiel und verstarb. Die Moschee wurde

Heute stellt nur noch eine Firma in Lárnaka Salz her. Ihr Rezept findet als ›Pyramidensalz‹ Eingang in die feine Küche. Aber man kann auch selbst Meersalz sammeln, reinigen und benutzen. Anleitungen gibt's im Internet.

Tausende Flamingos überwintern jedes Jahr am Salzsee von Lárnaka. Sie gründeln nach den Salzwasserkrebsen, die ihnen die markante rosa Farbe verleihen. Um Süßwasser in die Stadt zu leiten, wurde im 18. Jh. das Kamares-Aquädukt erbaut.

über ihrem Grab errichtet. Die Hala Sultan Tekke ist einer der wichtigsten Wallfahrtsorte für Muslime.

Die Schönheit des Nutzens

Der Wanderweg um den Salzsee führt zum **Kamáres-Aquädukt.** Dieses Wasserleitsystem aus dem 18. Jh. wurde vom türkischen Statthalter im römischen Stil erbaut. Von einer Quelle wurde das kostbare Nass über 10 km in die Stadt geleitet. Die Bögen des praktischen Bauwerks, von denen 20 noch intakt sind, gaben dem Aquädukt seinen Namen (griech.: *kamáres*). Heute ist das Schmuckstück nachts beleuchtet und wird als Kulisse für Open-Air-Konzerte genutzt.

INFOS/ÖFFNUNGSZEITEN

Anfahrt: Den Salzsee erreichen Sie über die B4 vom Flughafen Richtung Lárnaka (ca. 2 km)
Parkplatz: direkt neben der Straße auf der Einfahrt Richtung Hala Sultan Tekke
Birdwatching: Vom Ufer aus lassen sich die Flamingos gut beobachten, Ferngläser nicht vergessen. Die Benutzung von Drohnen oder das Betreten des Sees stört die Vögel und ist untersagt.
Hala Sultan Tekke-Moschee: tgl. 8.30–19, Winter bis 17 Uhr, Eintritt frei
Veranstaltungen am Aquädukt: www.larnakaregion.com

KULINARISCHES FÜR ZWISCHENDRIN

Direkt am Salzsee gibt es höchstens eine Imbissbude, um sich zu stärken. Alternativen sind ein eigenes Proviantpaket oder die **Zenon Tavern.** Sie müssen schon einen ordentlichen Hunger haben, um die Portionen hier verdrücken zu können. Aber keine Sorge, es gibt hier auch Häppchen und Salat. Alle Speisen sind sehr traditionell zyprisch (1 km nördlich des Sees, Macedonias-Str. 8, T 70 00 24 50, http://taverna-zenon.com, tgl. 12–23.30 Uhr, Menü mit Vorspeise, Dessert und Getränk 25–35 €).

Faltplan: J 7

SÜSS BE-GRÜSST

Stärkung und Leckerei gleichzeitig sind die **Glyko**, eine typisch zyprische Süßigkeit, die auf Tellerchen und zusammen mit einem Glas Wasser dem Besucher zur Begrüßung serviert wird. Hergestellt werden diese in Zuckersirup eingelegten Köstlichkeiten aus allen möglichen Obst- und Gemüsesorten: von Walnüssen bis Zucchini und sogar aus Schalen von Melonen oder Bitterorangen. In Restaurants erscheinen sie auf der Dessert-Karte. Tipp: Auch wenn es schmeckt, sollten Sie nicht mehr als ein Stück essen. Selbst robuste Mägen tun sich schwer mit mehr.

sen, zu dem auch Theater- und Geschichtenerzähler-Workshops gehören. Den Rest des Jahres geht es beschaulich zu. Die malerischen Gassen sowie das **Bienen- und Stickereimuseum** sind dann die größten Sehenswürdigkeiten (tgl. 10–13, 16–19, Winter 10–16 Uhr, Do geschl., Eintritt frei). Dorfauswärts geht es weiter zum Weingut **Ktima Christoudia** (www.ktimachristoudia. com). Viele der alten Dorfhäuser vermieten Fremdenzimmer, u. a. das **Blue Oak House**, das trotz seiner 300-jährigen Geschichte großzügig und modern eingerichtet ist (T 99 68 05 56, www. blueoakhouse.net, ab 30 €).

Natürliche Apotheke
CyHerbia-Kräutergarten
Gegen alles ist ein Kraut gewachsen. Der CyHerbia-Kräutergarten ist eine natürliche Apotheke unter freiem Himmel. Bio-Tees können gekostet werden, im Destillationszimmer wird die Herstellung ätherischer Öle demonstriert. Der Shop verkauft die Kräuterprodukte.
An der Landstraße Avgorou–Ormidia, 9.30–19, Winter bis 17 Uhr, 5 €

Agía Napa 🗺 L/M 7

In der Szene wird Agía Napa als ›Partyhauptstadt Europas‹ gerühmt. Naturliebhaber schätzen den Ort für seine Radwege, die Meeresgrotten und den Sonnenuntergang am Kap Greco. Und alle haben Recht.

WAS TUN IN ÁGIA NAPA?

Wo der Bär steppt
Gerade mal 2600 Leute wohnen in Agía Napa. Aber während der Saison kommen jedes Jahr mehr als 400 000 Touristen in den Ort an der attraktiven Südostküste. Ab 22 Uhr füllen sich die Restaurants, anschließend die Bars, ab 2 Uhr die Clubs. Die kleinen Straßen verwandeln sich bei Nacht in einen Rummelplatz mit flackernden Lichtern und dröhnenden Bässen. Gefeiert wird in den Locations, auf der Straße und am Strand. In den 1950/60er-Jahren lebten hier gerade mal 500 Leute. Zwei der seltenen Orte, an denen man die Geschichte des Dorfes zum Anfassen findet, sind das in einem Bauernhaus eingerichtete **Agrotóspito-Museum 1** (Dorfplatz am Kloster, T 99 68 43 18, tgl. 9–23 Uhr, Eintritt frei) und die **Stamna Tavern ❶** (reichlich Essen seit 1982, www.stamnatavern.com).

Mehr Meer geht nicht
Thálassa-Museum 2
Eine kleine Attraktion ist das Thálassa-Museum, das Exponate zum marinen Leben und zur antiken Seefahrt beherbergt. Fossilien, die 130 Mio. Jahre Erdgeschichte auf dem verkrusteten Buckel haben, Fische, Korallen, Krustentiere und Schildkröten können aus der Nähe bestaunt werden. Beeindruckend auch die originalgetreue Nachbildung des Kyrenia-Schiffes, das um 300 v. Chr. im Schlamm vor Zyperns Küste versunken ist.
Leoforos Kryou Nerou 14, Mo 9–13, Di–Sa 9–17, So 15–19 Uhr, Winter So geschl., 4 €

Maria aus der Höhle kam

Kloster 3

Zu der Zeit, als der byzantinische Bilderstreit tobte (7./8. Jh.), wurde einer lokalen Überlieferung zufolge ein Bildnis der Jungfrau Maria mitten im Wald in einer Höhle versteckt. Als ein Jäger später die Ikone fand, wurde über der Höhle eine Kirche errichtet. Der Ort bekam seinen Namen von diesem Wunder, von der ›Heiligen des Waldes‹. Das Kloster in seiner heutigen Form stammt aus dem 15. Jh.

Dorfplatz, 9–21 Uhr, Eintritt frei

Am und im Wasser

Kunstwerke der Natur sind die **Höhlen und Grotten,** die das Meer bei Agía Napa ins Gestein gewaschen hat. Gleich daneben liegt **Kap Greco,** das bekannt ist für seine schönen Sonnenuntergänge. Die Gegend um Agía Napa kann 14 Strände vorweisen, die mit der Blauen Flagge ausgezeichnet sind. **Nissi Beach** besteht aus zwei miteinander verbundenen Stränden mit goldgelbem Sand. **Konnos Bay,** der Natürliche, ist Teil des Kap-Greco-Nationalparks. **Glykí Neró** ist der Stadtstrand von Agía Napa.

AGÍA NAPA

Sehenswert
1 Agrotóspito-Museum
2 Thálassa-Museum
3 Kloster

In fremden Betten
1 So Nice Boutique Suites

Satt & glücklich
1 Stamna Tavern
2 Karousos Beach Restaurant

S STREUNER

Der Verein **Zypernhunde e. V.** vermittelt streunende Tiere nach Deutschland, Österreich und in die Schweiz. Die Organisation rettet die Hunde vor der Tötungsstation und sucht für sie ein neues Zuhause. Da Hunde nicht allein reisen dürfen, brauchen sie menschliche Begleitung. Deshalb werden ständig Urlauber als Flugpaten gesucht. Mitglieder des Vereins bringen die Hunde zum Flughafen, übergeben die vollständigen Unterlagen und assistieren beim Einchecken. Bei der Landung werden die Hunde von Vereinsmitgliedern und den neuen Besitzern entgegengenommen.
www.zypernhunde.eu

SCHLEMMEN, SHOPPEN, SCHLAFEN

⌂ Elegant
So nice Boutique Suites 1
Wer nicht gern im Getümmel Urlaub macht, kann sich hierher zurückziehen. Die Beleuchtung in den Zimmern hat etwas von Lichttherapie. Trotz japanischer Zen-Atmosphäre ist der belebte Strand gleich vor der Tür und das Nachtleben um die Ecke.
Am Landa Beach, Nissi Ave. 103, T 23 72 30 10, www.sonice.com.cy, DZ/F mit WiFi ab 117 €

⬤ Fisch-Mezé am Hafen
Karousos Beach Restaurant 2
Kein Trubel, die Tische stehen direkt am Meer, und der Ausblick ist göttlich. Eines der ältesten Fischrestaurants der Stadt. Unbedingt die Fisch-Mezé probieren.
Am Hafen, T 23 72 18 82, 9–23 Uhr, Mezé ab 15 €

✷ Party bei Nacht
Einfach rausgehen und feiern. Der gesamte Platz im Zentrum Agía Napas und die umliegenden Straßen sind praktisch ein einziger Party-Strip. Die Vorlieben, Trends und In-Locations wechseln. Sicher ist nur, dass man drinnen und draußen jede Menge Spaß haben kann.

INFOS

Tourist-Information: Leoforos Kryou Nerou 12, T 23 72 17 96, Mo–Fr 8–14.30, 15–18, Winter bis 17.30, Mi 8–14.30, 1. und 3. Sa im Monat 8–13 Uhr
Führungen: Zwei thematische Führungen können bei der Tourist-Information gebucht werden: »Agía Napa vom Mittelalter bis heute« und »Die historische Verbindung zum Meer«, beide kostenlos.
WLAN: An den städtischen Stränden von Agía Napa gibt es freies WLAN und Safe-Boxen an den Sonnenschirmen, um die Handys wegzuschließen.

TERMINE

Kataklysmos: Anfang Juni. Flufestival mit Bootsrennen und anderen feuchten Wettbewerben
Agía Napa Festival: Ende Sept. Volkstänze, traditionelles Handwerk und lokale Spezialitäten
Mittelalter-Festival: Mitte Okt. Events rund um Ritter, Burgfräuleins und Sagen.

N NESSIE?

Im Wasser spukt es! Vor der Küste von Agía Napa soll ein See-Ungeheuer leben und zumeist um das Kap Greco herum gesichtet worden sein. Bei den Fischern ist das Fabelwesen als ›freundliches Monster‹ *(to filikó téras)* bekannt. Außer verschwommenen Fotografien oder folkloristischen Erzählungen sind Belege allerdings Fehlanzeige.

Jedem Heiligen sein Kirchlein: Dieses in Protarás ist dem Propheten Elias gewidmet.

AUSFLÜGE VON AGÍA NAPA

Nichts außer Urlaub
Protarás

Seit den 1980er-Jahren hat Protarás (⌂ M 6) seinen Ruf als Badeort begründet. Die sanfte Landschaft, sandige Buchten und zerklüftete Felsen verleihen ihm seinen Charme. Vor allem Aktivurlauber finden hier entlang der Küste reichlich Betätigung: Wandern, Radfahren, Reiten, Schwimmen, Tauchen, Fischen – geht alles. Mit dem **Meeresaquarium** hat die Gemeinde eine kleine Sehenswürdigkeit (Cavo Greco Avenue 19, T 23 74 11 11, 10–18, im Winter 9–16 Uhr, 12 €).
Entlang der Küstenstraße machen Unterkünfte und Gastronomie den Mammutanteil der Bebauung aus. Das wird aber durch reizvollen **Strände** wettgemacht. Am beliebtesten sind die Buchten Fig Tree Bay wegen des weichen Sandes und Green Bay wegen der Wassersportangebote.

Waren Sie schon mal **Tiefseefischen?** Unbedingt ausprobieren. Jede Menge Skipper bieten einen Trip an, bei dem man entweder zuschauen oder selbst einen Fang an Bord ziehen kann. Aber: Früher Vogel fängt den Fisch. Die Touren starten meist um 5 Uhr morgens oder sogar noch früher.

Zur Abwechslung darf es dann auch mal ein Live Game im **Room Escape Protarás** sein (Protaras-Str. 11, www.protarasroomescape.com.cy, tgl. 15–21 Uhr, pro Nase 17 €).

Tourist-Information: Protarás-Str. 14, T 23 83 28 65, Mo–Fr 9–15.30 Uhr, jeden 2. und 4. Sa im Monat 9–14 Uhr

Dieses Dorf ist Spitze – **Lefkaras Geheimnisse**

Volkstümliche Handarbeiten sind Kunst. Kaum eine Marke zeigt das deutlicher als die Lefkaritika. Keine Maschine kann es mit der Geschicklichkeit der Frauen aufnehmen, die seit Jahrhunderten eine Spitze herstellen, die Kleidung und Tischwäsche verziert.

Ein Großstadtmensch entdeckt die Pracht der Provinz. So beginnen viele Modemärchen. In diesem hier ist es Leonardo da Vinci, der Zypern 1481 bereiste und eine Lefkaritika-Spitze als Altardecke für den Mailänder Dom erwarb. So hat der Universalgelehrte und Künstler dafür gesorgt, dass Lefkara und seine Spitze eine gute Werbestory aufzuweisen haben.

Kunstvolles Erbe

Das Besondere an dieser Spitze ist ihre Herstellung in Flachstich- und Hohlsaumstickerei. Seit 500 Jahren sitzen die Lefkara-Frauen in ihren Hauseingängen und erschaffen mit Nadel und Faden auf beigefarbenen Leinenstücken wunderbare Kunstwerke. Ihr Wissen wurde traditionell an die Töchter weitergegeben, und jede erfand ihr eigenes Design dazu. Was zunächst nur für den eignen Haushalt und die Aussteuer gefertigt wurde, bekam im 19. Jh. den Wert einer Handelsware. Die Frauen aus Lefkara sorgten nun mit dem Verkauf ihrer kunstvollen Handarbeiten für den Wohlstand der Familie.

Idylle in den Bergen

Das Dorf wirkt, als wäre die Zeit hier stehengeblieben. Mit Sorgfalt sind die alten Häuser zum Großteil saniert worden. Man sieht es den schmucken Gebäuden an, dass sie als Heim von Künstlern und Händlern erbaut wurden und nicht als schlichte Bleibe für Bauern. In Dutzenden Läden werden heute die Lefkaritika verkauft. Aber immer noch sitzen auch die Frauen in den schat-

ECHT?

Marken-Piraten vergreifen sich nicht nur an großen Designernamen. Unter dem Label **Lefkaritika** werden in ganz Zypern mehr oder weniger gelungene Nachbildungen angeboten. Meist erkennen Sie schon am niedrigen Preis, dass es sich nicht um Originale handelt.

▶ **INFOS & LESESTOFF**

In dem Band **Lefkara Lace Embroidery – Historical Development, Designs, Technique** von Androula Hadjiyiasemi (1987) werden einige der Sticktechniken mit Fotos beschrieben (nur noch antiquarisch erhältlich).

Mit dieser Stichelei wird aus einem Stück Stoff ein Kunstwerk.

tigen Hauseingängen und sticken. Ein anderes kostbares Handwerk ist ebenso eng mit dem Dorf verbunden: Die **Silberschmiede** fertigen filigranen Schmuck und edle Haushaltswaren, wie Besteck oder Kerzenhalter.

INFOS/ÖFFNUNGSZEITEN

Lefkara Festival: Im August feiert das Dorf mit volkstümlicher Musik und Tänzen, Vorführungen des Handwerks und vielen Verkaufsständen.
Kunsthandwerkmuseum 1: Ausstellung von traditioneller Spitze und Silberschmiede-Arbeiten im Haus des Patsalos, 9.30–17, Winter 8.30–16 Uhr, 2,50 €
Der **Trailer** für den durch die UNESCO geförderten Film **Lefkara Laces – Before Memory Fades** (Regie: Paschalis Papapetrou) läuft auf Youtube und vermittelt einen kurzen Überblick über die Spitze und ihre Herstellung (in Englisch).
Für eine Übernachtung vor Ort ist das preiswerte **Lefkara Hotel** 1 (Páno Lefkara, T 24 34 21 54, ab 55 € mit Frühstück) genau das richtige. Wenn Sie länger bleiben wollen oder zu mehreren anreisen, empfiehlt sich eines der hübschen Ferienhäuser (z. B. **Ample-places** 2, www.ampleplaces.com).

KULINARISCHES FÜR ZWISCHENDRIN

Tasties Café 1: Außen Schmuckstück, innen Mut zum Stilmix, grüner Hof. Die Hausmannskost (Kuchen und Herzhaftes) in diesem familiengeführten Café macht es nur um so gemütlicher (Páno Lefkara, T 24 34 34 11, 10–18 Uhr).

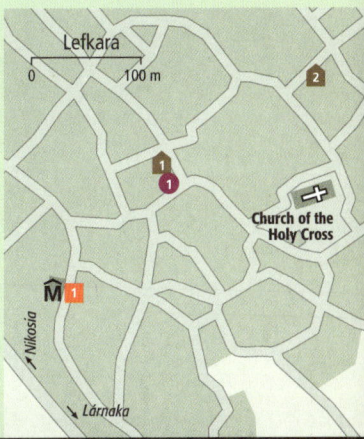

Faltplan: G 7/8

ERDÄPFEL

Auch nach dem Urlaub können Sie der mediterranen Küche Zyperns treu bleiben. Nicht nur beim Nachkochen von Gerichten, sondern auch daheim beim Einkauf. Denn die Frühkartoffeln aus der Gegend um Paralímni sind ein Exportschlager. Geeignet sind die Sorten zum Kochen (Spunta und Marabel), für den Salat (Nikola, Filea, Sieglinde und Charlotte), zum Backen (Marfona und Cara) und Braten (Diamant und Markies).

Am größten Dorfplatz
Paralímni

Fürs Ausgehen in der Provinz bietet sich der Ortskern von Paralímni (🗺 L 6) an. Hier mischen sich die unterschiedlichen Daseinsweisen. Während die Bauern gemütlich beim Plausch im Kafeneion sitzen, schlürfen nebenan in der Bar die Touristen ihre Cocktails. Und manchmal endet die Nacht für alle gemeinsam in einer Taverne bei Musik und Zivanía. Die **Plateía** ist der größte Dorfplatz Zyperns. Um ihn gruppieren sich nicht nur Gastronomie und Geschäfte, sondern auch die drei Kirchen der Gemeinde.

Einer der bekanntesten zyprischen Künstler hat in der Umgebung sein Atelier. **Christos Eliades** frönt einem außergewöhnlichen Stil, irgendwo zwischen Klimt

Wenn die Natur zaubert: Die Sea Caves um Agía Napa sind spektakulär!

und asiatischer Straßenkunst. Er stellt in Berlin und New York aus, doch seine Arbeiten entstehen in Zypern (Perneras Ave. 39, Shop 1, T 99 62 36 23, www. christoseliadesart.com, tgl. 9–19 Uhr).

Hochzeitsmekka
Deryneia
Häufigster Grund für einen Besuch in Deryneia (🗺 J 6) sind die Aussichtspunkte, von denen aus sich Blicke auf Varosha (▶ S. 106) bieten, die besetzte Geisterstadt von Famagusta. Das **Freiluftmuseum** stellt die Gerätschaften traditioneller Berufe vor und ist außerdem ein beliebter Ort zum Heiraten (Dimitri Liberti-Str. 2/3, Mo–Sa 9–13, 15–18, Winter bis 17 Uhr, So geschl., 2 €).

Hochzeitsmekka
Liopétri
Die schönsten Korbflechtereien der Insel kommen von den Handwerkern aus Liopétri (🗺 J 7). Bekannt wurde der Ort aber auch, weil der französische Dichter Arthur Rimbaud 1878/79 in einem nahen Steinbruch als Aufseher arbeitete.

❶ Fotos und Fisch
Potamós Fish Restaurant
Der kleine Fischerhafen an der Mündung des Potamós Liopétri stellt ein idyllisches Fotomotiv dar und ist ein prima Rückzugsort, um gemütlich Fisch zu essen.
Am Fischerhafen, T 99 38 88 44, www.potamos fishrestaurant.com, ab 10 €

6

Wellenreiten und Höhlentauchen – **rund um Lárnaka**

Mal ehrlich, wer am Mittelmeer Urlaub macht, will sicher mehr ausloten als knietiefes Wasser. Vor allem für Taucher und Kitesurfer sind Zyperns Oststrände ein Paradies. Sie eignen sich für Anfänger und bieten den Könnern anspruchsvolle Challenges.

Wenn es Sie nicht ans, sondern eher ins Wasser zieht, sollten Sie vor Lárnaka abtauchen. Denn nur 1,5 km vor der Küste liegt das legendäre Schiffswrack der **Zenobia 1**. Die mit Lastwagen beladene RoRo-Fähre sank 1980 auf ihrer Fahrt von Schweden nach Syrien vor Lárnaka. Nun liegt sie in 42 m Tiefe und gilt als eines der beliebtesten Tauchziele im gesamten Mittelmeerraum. Inzwischen gibt es auch weitere künstliche Riffe. So wurde etwa der Kutter ›Nemesis III‹ vor Protarás versenkt und die ›Kyrenia‹ in Pernera. Und vor Lárnaka liegt auch ein 1996 abgestürzter Hubschrauber der Britischen Luftwaffe auf Grund.

Höhlen und Amphoren

Zwar gibt es vor Zyperns Küsten keine so aufregende Unterwasserwelt wie im Roten Meer, aber dafür Unterwasserhöhlen und Tunnel, während antike Amphoren und Steinanker für das nötige exotische Dekor sorgen. Besonders beliebt sind die Wasserlandschaften rund um das Kap Greco. Von der weißen Kapelle **Agioi Anargyroi 2** führt eine Treppe zum Einstieg in die Unterwasserwelt der darunter liegenden Höhle. Manch andere erreicht man nur mit dem Boot. Obwohl die Höhlen bis zu 30 m lang sein können, haben sie eine gute natürliche Beleuchtung.

Auch das kristallklare Wasser der **Blauen Lagune 3** ist ein Magnet für Taucher. Die Tauchtiefen liegen hier zwischen 15 und 30 m. Anfänger haben in dieser Gegend genügend Möglichkeiten, an seichten Stränden und in geschützten Felsenbe-

Von Juni bis November liegt die Meerestemperatur in zyprischen Gewässern bei wenigstens 22 °C, im August klettert sie auf 27° C und bietet im Winter noch angenehme 16 °C nahe der Küste.

cken erste Begegnungen mit der Unterwasserwelt zu machen.

Surfen mit Drachen

Kiten geht in der Gegend das ganze Jahr über, da durchgehend mit einem mehr oder weniger starken Wind aus südsüdwestlicher Richtung zu rechnen ist. Der Strand bei **Perivólia** bietet genug Platz für Anfänger, konstante Winde bis Sonnenuntergang und die Shorebreak-Wellen, nach denen erfahrene Surfer suchen. Gerade dass es in dieser Gegend keine Sandstrände gibt, macht sie ideal für Kitesurfer. Die Bucht ist 10 km lang, und Schwimmer sind eher selten.

D
DENKSTE!

Statuen und Säulen, die wie versunkene archäologische Schätze aussehen, beleben den Tauchbereich bei Green Bay. Allerdings sind sie nicht antik, sondern aus Beton.

INFOS/ÖFFNUNGSZEITEN

Tauchtouren z.B. mit **Alpha Divers** ❶ (Pyla Gardens 2, Dhekelia Landstraße, T 24 64 75 19, www.alpha-divers.com) oder **Dive-In** ❷ (Lárnaka, Lordos Seagate Block A, Piale Pasha, T 24 62 74 69, www.dive-in.com.cy)
Virtuell: Die App »Scuba Dive Simulator: Zenobia« ist die 3D-Simulation eines Tauchgangs zur Zenobia – zur Vorbereitung, Planung oder als Trockenübung. Tauchkurse für Anfänger bei **Green Bay Water Sports** ❸, Green Bay, Protarás, T 99 39 89 10 (wird von einem netten jungen Paar geführt, die Frau stammt aus Österreich).

Kitesurfen: z.B. mit **Kitemed Kitesurfing School** ❹ (Kiti, T 99 54 83 63, www.kitemed.com), **Kahuna Surfhouse** ❺ (Kiti, T 99 66 67 08, www.kahunasurfhouse.eu) oder **Windbandit** ❻ (Pervólia, T 99 34 45 15, www.windbandit.com)

KULINARISCHES FÜR ZWISCHENDRIN

Beim Wassersport sollte man sich nicht den Bauch vollschlagen, lieber traditionelle Tavernen meiden und einen Snack von den umliegenden Bäckereien mitnehmen. Die bieten meist auch warme Speisen und Salate.

Faltplan: J–M 7/8

Limassol und die Mitte

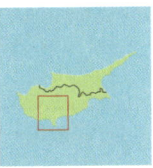

Willkommen in der Stadt, die niemals schläft. Na ja, fast nie. Limassol verströmt die Geschäftigkeit und den Geist einer weltoffenen Hafenstadt. Hier wird gearbeitet und gefeiert. Es heißt bei den Einheimischen, man habe mehr Spaß bei einer Beerdigung in Limassol als bei einer Karnevals-Party in Nikosia. Umso wichtiger ist die beschauliche Ruhe im Umland. Das massive Tróodos-Gebirge mit seinen Picknickplätzen, Wanderwegen und Skipisten, die reizenden Weindörfer und ausgedehnte Strände verleihen der Region eine atemberaubende Vielfalt.

Limassol ⌖ E/F 9

Limassol ist die einzige Stadt in Zypern, die den Titel Metropole verdient. Verläuft sonst der Alltag getreu dem zyprischen Motto ›langsam, langsam‹ (griech.: sigá, sigá), so sprudelt hier das Leben geradezu über. In der zweitgrößten Stadt der Insel leben 180 000 Einwohner. Die russischen Geschäftsleute und Residenten brachten ihr den Spitznamen ›Limassolgrad‹ ein. Internationale Schifffahrtsunternehmen sorgen für Prosperität. Mitten in der Wirtschaftskrise wurde 2014 die Marina, das neue Wahrzeichen, fertiggestellt. Limassol richtet zwei der größten Attraktionen Zyperns aus – den Karneval und das Weinfestival. Das Hinterland im Tróodos-Gebirge ist der Gegenentwurf zum urbanen Trubel, ein Quell der Erholung.

WAS TUN IN LIMASSOL?

Das alte Herz der Stadt
Im historischen Zentrum breitet Limassol seine ganze Vielfalt aus. Rund um die alte **Burg** **1** haben sich Pubs, Clubs und Restaurants angesiedelt. Und die **Carob Mill** **2**, ein restaurierter Gebäudekomplex, der Gastronomie, ein Johannisbrotmuseum (tgl. 10–20 Uhr, Eintritt frei) und eine moderne Galerie (www.lanitisfoundation.org) vereint. An der **Markthalle** **3** hat sich der **Saripólou-Platz** **4** als angesagter Feier-Hub etabliert. Bars, Tavernen und Nachtklubs buhlen um die Gunst der Nachtschwärmer. In den umliegenden Seitenstraßen des **Katholikí-Kiez** machen sich kleine Cafés, Bio-Gastronomie und Ateliers daran, das Gesicht der Altstadt zu liften.

Marina und Molos
›Klein-Venedig‹ könnte man das schicke Viertel nennen, das da am alten Hafen entstanden ist. Die neue **Marina** **5** ist nicht nur ein Anlegeplatz für Yachten, sondern ein Quartier, das Limassols gewohntes Stadtbild aufgefrischt hat. Gedacht ist die Anlage für zahlungskräftige Bewohner, die vor ihrer Villa am Meer gleich ihr Luxusboot parken können. Die Promenade allerdings mit ihren Plätzen, Gassen und Brücken ist für alle da. Nach Osten geht die Marina fast nahtlos in die **Mólos** **6**, die langgestreckte Uferpromenade, über. Aus der einstigen Mole von 1881 ist inzwischen ein Park mit Radwegen, Spielplätzen und Cafés geworden, der sich bis zu den Stadtstränden erstreckt.

Am Meer entlang
Gleich hinter der Mólos beginnen die **Strände** Limassols. Hier als Badegast den Tag zu verbringen, auf der Sonnenliege neben der B1 mit Blick auf die dicken Pötte, die auf Reede liegen, ist nicht jedermanns Sache. Aber für eine kurze Abkühlung, zum Dösen im Strandcafé oder für einen alternativen Stadtspaziergang, barfuß am Ufersaum entlang, ist dieser Streifen ideal. Unterwegs zum **Dasoúdi Beach** **7**, der baumbeschatteten Badeanstalt am Meer, lohnen sich ein paar Abstecher. Zum Beispiel in den kleinen **Zoo** **8** im Stadtpark, wo auf bereitgestellten Bänken auch gepicknickt werden darf (Lord Byron-Straße, 9–19, Winter bis 16 Uhr, Eintritt 5 €). Auf dem Weg liegt auch die **Städtische Kunstgalerie** **9** mit der umfassendsten Sammlung zeitgenössischer zyprischer Kunst (Straße des 28. Oktober, Mo–Fr 7.45–14.45 Uhr, Eintritt frei).
Die **Enaérios-Landungsbrücke** **10** ist ein romantisches Plätzchen, das vor allem Angler und Pärchen anzieht. Hier gibt es auch eine **Nextbike-Station,** und Sie könnten den Weg nun mit dem Rad fortsetzen. Oder Sie entscheiden sich dafür, Limassol vom Meer aus zu betrachten. Am Hafen und in der Marina bieten sich etliche Gelegenheiten, an Bord zu gehen: zur Unterhaltungstour auf einem Katamaran, auf einen Fishing Trip oder mit einer gecharterten Yacht.

LIMASSOL

Sehenswert
1. Burg
2. Carob Mill
3. Markthalle
4. Saripólou-Platz
5. Marina
6. Mólos
7. Dasoúdi Beach
8. Zoo
9. Städtische Kunstgalerie
10. Enaérios-Landungsbrücke
11. Mittelaltermuseum
12. To Ploumisto Psomi
13. Wassermuseum

In fremden Betten
1. Metropole Hotel
2. Villa Retreat
3. Le Village Hotel

Satt & glücklich
1. Angel's Cup
2. Polycarpou Taverne
3. Ladas Fish Tavern

Stöbern & entdecken
1. Pana's Creations
2. Terra
3. The Ponytails' House

Wenn die Nacht beginnt
1. Socialista Bar
2. Sousami Bar
3. Daltons Bar

Die Ruhe trügt: In den Seitenstraßen brodelt die alternative Szene.

MUSEEN, DIE LOHNEN

Im Bunde mit Richard Löwenherz
Mittelaltermuseum `11`

Dort, wo heute die Burg steht, fand im Mittelalter eine Promihochzeit statt. Beim Kreuzzug auf dem Weg ins Heilige Land machte der englische König Richard Löwenherz in Zypern Station, um seine vom zyprischen Herrscher gekidnappte Braut zu befreien. Er überwältigte den Statthalter, übernahm die Insel und heiratete am 12. Mai 1191 Berengaria von Navarra an Ort und Stelle. Einen Eindruck davon, wie die Zeitgenossen von Richard lebten und kämpften, vermitteln die Exponate im Mittelaltermuseum in der Burg.

Richard u. Berengaria-Str., T 25 30 54 19, Mo–Fr 8–17, Sa 9–17, So 10–13 Uhr, 4,50 €

Das Brot als Kunstwerk
To Ploumisto Psomi `12`

Man kann sich Brot auch an die Wand hängen. Die filigranen Gebilde aus Salzteig, die hier ausgestellt sind, halten die Erinnerung an alte Traditionen am Leben, als Brote für Anlässe wie Hochzeiten, Beerdigungen oder Taufen dekoriert und verschenkt wurden. Die Inhaberin Dorita macht alle diese kleinen Kunstwerke selbst.

Afxentiou-Str. 9, T 25 34 03 47, Mo–Sa 9.30–12.45, Mo, Di, Do, Fr auch 16–19 Uhr, Eintritt frei; Museumsshop: Mitbringsel ab 3 €, kompliziertere Ornamente um 25 €

Der Kampf gegen die Trockenheit
Wassermuseum `13`

An 320 Tagen im Jahr strahlt die Sonne vom Himmel und macht Zypern zu einem Urlaubsparadies. Und zu einem Albtraum für die Wasserversorgung. Obwohl von Mai bis Oktober kein Tropfen Regen fällt, ist der Wasserbedarf bei bis zu 43 Grad Celsius extrem hoch. Aber wo kommt in Zypern eigentlich das Wasser her? Antworten gibt das Wassermuseum in der alten Pumpstation.

Franklin Roosevelt Ave. 66, Mo–Fr 10–13 Uhr, T 25 83 00 00, 1 €

SCHLEMMEN, SHOPPEN, SCHLAFEN

In fremden Betten

Nach der Party gleich ins Bett
Metropole Hotel ❶
Das Hotel liegt mitten in der Altstadt, direkt neben dem Retro-Club und in der Nähe aller anderen angesagten Locations. Stellflächen für Autos gibt es auch. Nachteil: In den Zimmern direkt über dem Club kann es laut werden. Vorteil: Nachtschwärmer sparen sich lange Wege und Taxikosten.
Ifigéneias-Str. 4–6, T 25 36 23 30, DZ mit WiFi 55 €, Frühstück 8 €

Eleganza in der Provinz
Villa Retreat ❷
Ein Hauch Toskana mitten in Zypern. Der Pool als architektonisches Stilmittel, ein Piano im Wohnzimmer, die Galerie mit Bibliothek und begehbare Kleiderschränke in den Zimmern. Dazu die Stille und die herrliche Lage zwischen Bergen und Stausee. Trotzdem ist man in 7 Min. am Kreisverkehr von Limassol.
Akrounda, Konstantinou Kanari-Str. 10, T 99 69 64 83, www.villaretreatcyprus.com, B&B 80–95 €/DZ

Einfach preiswert
Le Village Hotel ❸
Strandhotels gibt es in Limassol wie Sand am Meer. Wer aber zentral und dazu noch preiswert übernachten möchte, macht hier ein Schnäppchen. Die Zimmer sind klein und sehr einfach. Aber es gibt WiFi, einen kleinen Kühlschrank und einen Parkplatz hinterm Haus.
Archiepiskópou Leontíou A Ave. 242, T 25 36 81 26, DZ ab 40, Frühstück 5 €

Satt & glücklich

Liebevolles Eckchen
Angel's Cup ❶
Dieses süße Café im angesagten Katholiki-Quartier hat es mir angetan. Es duftet nach frisch gemahlenem Kaffee und dem Kuchen, den die Mutter der Besitzerin backt. Angela hat auch ein Händchen für gute Musik.
Kanari-Str. 20, T 25 22 29 87, Mo–Fr 9–19, Sa/So 11–19 Uhr

Der letzte Mohikaner
Polykarpou Taverne ❷
Wie ein Fels in der Brandung hält sich die Taverne zwischen den jungen Bars und Restaurants am Saripólou-Platz. Seit 30 Jahren öffnet und schließt das Geschäft nach dem Rhythmus der Alten Markthalle. Zyprische Hausmannskost steht auf der Karte. Ein wohltuender Kontrast zu manchen Hype-Gerichten drumherum.
Saripólou-Str. 45, T 25 35 21 35, Hauptgerichte, auch vegetarisch, 5–8 €

Es ist genug Strand für alle da!

Tradition seit 50 Jahren
Ladas Fish Tavern ❸
Das ist die älteste und bekannteste Fischtaverne in Limassol. Die Lage am Hafen, der Direktverkauf der Fischer an die Restaurantküche und das Haus, das fast 200 Jahre auf dem Buckel hat, machen die Taverne zu einer Sehenswürdigkeit.
Am Alten Hafen, Plateía Syntágmatos 2, T 25 36 57 60, Facebook: LadasFish, Mo–Sa 16–23.30 Uhr, So geschl., frischer Fisch ca. 50 €/kg

Stöbern & entdecken

Das Taschenparadies
Pana's Creations ❶
Wie wäre es mit einer Handtasche nach Maß? Panayiota erfüllt alle Kundenwünsche nach Material, Design und

PICKNICK

Die Zyprer lieben ihr Picknick, vorzugsweise in den Bergen. Es gibt Dutzende Plätze, die mit Tischen, Bänken, Wasser, WC, Spielplätzen und natürlich Feuerplätzen ausgestattet sind. Denn in Zypern werden im Freien nicht Sandwich und Obst verzehrt, sondern die Familien rücken mit motorbetriebenem Grill, Fleischspießen, Kartoffeln, Salatschüsseln, Tellern und Besteck, Tischdecken, Wein und Bier an. Auch Decken für das anschließende Schläfchen gehören ins Gepäck.

Ausstattung. Die Fertigstellung einer Tasche dauert 2–7 Tage, passt also in einen Urlaub.
Saripólou-Str. 21–23, T 25 36 36 42, Facebook: Pana.Bag, Mo–Fr 10–18, Sa 10–15 Uhr, ab 85 €

Mediterranes Superfood
Terra – Traditionelle Naturprodukte aus Zypern ②
Seit Jahrhunderten machen sich die Leute in Zypern die Gaben der Natur zunutze: die schützende Kraft der Olive, die Kalzium-Bombe Johannisbrot, die nahrhafte Wirkung des Commandaria. Dieses Superfood und andere Spezialitäten, wie Ziegen-Halloúmi, sind für Nicht-Zyprer oft eine Neuentdeckung.
Agíou Andréou-Str. 14, T 25 39 68 57, Mo–Sa 10–18 Uhr, Carobsirup 3,30 €, Kosmetik 6–30 €

Fashion Designer
The Ponytails' House ③
Hier liegt das Atelier gleich neben dem Shop. Die beiden jungen Designerinnen verkaufen ihre Kollektionen im eigenen Geschäft. Der Bohemian-Style ihrer Mode ist originell und doch tragbar.
Athanasíou Sakellaríou-Str. 107, www.the ponytails.net, Mo, Di, Do, Fr 10.30–13.30 und 15–19, Mi 10.30–14, Sa 10.30–16 Uhr, Minirock 65 €, andere Stücke ab 100 €

☀ Wenn die Nacht beginnt

Das Feier-Kombinat
Socialista Bar ①
Inmitten des proppevollen Saripólou-Platzes steigt im Socialista meist die wildeste Party. Der DJ spielt griechischen Rock, die Barmixer versteigen sich in ausgefallene Kreationen. Das Blue Apple gleich nebenan gehört dazu, ist aber die gediegenere Location von beiden.
Saripólou-Platz, Fr–So 18–2 Uhr, Blue Apple tgl. 11–2 Uhr, Hauptgericht ab 12 €, Spezial-Cocktail ›Blue Apple‹ 9 €

Chill-out
Sousami Bar ②
Hier treffen sich Alternative, Künstler und Normalos. Das Sousami ist die ideale Location für Drinks und Chill-Dancing bei Electro- und Ethno-Mix. Der begrünte Hofgarten und das supernette Personal vermitteln das Gefühl, man sei auf einer Privatparty gelandet.
Kitíou Kyprianoú-Str. 8, T 99 84 66 45, Di–So 15–2 Uhr, Bier ab 3 €, Cocktails ab 6 €

After Party
Daltons Bar ③
Gegen Morgen noch Lust auf einen Absacker? Dann landen Sie unweigerlich im Daltons. Die längsten Öffnungszeiten der Stadt, ein Sound zwischen Electro, Reggae und Rock sowie eine bis in die Morgenstunden gut gelaunte Bedienung. 23 bis 2 Uhr Happy Hour, Shot der Woche, Bushaltestelle gleich nebenan.
Loutron-Str. 1, T 99 97 41 05, tgl. 22–6 Uhr, Bier ab 2,50 €

⚓ Sport & Aktivitäten

City-Räder ①
Mit 18 Mietstationen im Stadtgebiet bietet Nextbike die einfachste Möglichkeit, Limassol per Rad zu erkunden.
www.nextbike.com.cy/de/limassol, Anmeldung online, Bezahlung mit Karte oder Cash: 1. Std. 2 €, jede weitere Stunde 1 €, 24 Std. 8 €

Nicht nur Nachtschwärmer haben tagsüber einen Kater!

Birdwatching

Von November bis Mai Beobachtung von einheimischen und Zugvögeln. Beste Plätze mit zuverlässiger Sichtung: **Akrotiri-Salzsee** (Flamingos, Falken, Kraniche) und **Marschland, Kensington Cliffs** (Brutkolonie Gänsegeier). Geführte Birdwatching-Touren bietet der Verein **Birdlife Cyprus** (www.birdlifecyprus.org) an.

INFOS

Tourist-Information: Plateía Syntagmatos (am Alten Hafen), T 25 36 27 56, Mo–Fr 8–14.30, 15–18 (Winter bis 17.30), Mi 8–14.30, Sa 8–13 Uhr
Gratis-Führung: »Entdecken Sie das historische Zentrum von Limassol«, jeden Mo 10 Uhr, Treff an der Tourist-Information; Buchung: T 25 36 27 56

Busse: Vom Zentralen Busbahnhof in der Archiepiskópou Leontíou Á Avenue fahren die Stadtbusse und jene in die ländliche Umgebung ab. Das 5-Euro-Tagesticket gilt für alle Linien im Bezirk Limassol. Damit gelangen Sie bis hoch bis ins Tróodos-Gebirge. Die Stadtlinie 30 fährt die gesamte Küstenstraße entlang, von den Hotels über den alten Hafen bis zur Mall. Infos online unter www.limassolbuses.com

TERMINE

Karneval: Febr. Limassol ist seit Jahrhunderten Karnevalshochburg. Ausgelassene Straßenfeste und Umzüge sowie Partys in allen Kneipen und Etablissements lassen die Stadt für elf Tage Kopf stehen.

LOCKER

Der Limassoler **Karneval** ist für seine lockeren Sitten bekannt. Besonders zwischen den 1930er- und 1950er-Jahren war in einer prüden Gesellschaft wie der damaligen die Maskerade ein Freifahrtsschein für ungehemmtes Vergnügen. Heutzutage sind die Verkleidungen eine beliebte Chance für die Gay-Community, sich in Glitzer und Glamour zu zeigen, ohne sich outen zu müssen. Denn so modern die Zeiten sind – Homosexuelle haben in Zypern noch immer einen schweren Stand.

Street Life Festival: Mai. Straßenfest in der Altstadt mit Musik, Graffiti, Straßenmalern, Gauklern, Kunsthandwerk, Essen und Trinken. Seit mehr als zehn Jahren eines der größte kulturellen Events der Insel.

Weinfest: Ende Aug. Im Stadtpark wird zehn Tage lang feucht-fröhlich die Weintradition der Insel gefeiert. Weingüter laden zur freien Verkostung, volkstümliche Musik und Tänze rund um den Wein sorgen für Stimmung.

AUSFLÜGE VON LIMASSOL

Echt antik
Koúrion
Von der archäologischen Stätte des antiken Stadtkönigreichs Koúrion (🗺 D 9) aus bietet sich ein atemberaubender Blick über die Küstenlandschaft. Vom Wohlstand der römischen Bewohner von Curium zeugen u.a. Bodenmosaiken (Gladiatorenkampf, Held Achilles) und eine private Therme samt Fußbodenheizung. Neu aufgebaut wurde das antike Theater, in dem vor einzigartiger Kulisse im Sommer Konzerte und klassische Stücke aufgeführt werden (tgl. 8.15–19.45, Winter bis 17.15 Uhr, 4,50 €).
Am **Koúrion Beach** unterhalb des antiken Stadthügels kann sich nun ein entspannter Strandnachmittag anschließen. An der Steilküste von Koúrion herrschen zudem beste Bedingungen für Paraglider. Tandemflüge bietet u.a. Cyprus Fly Adventures an (www.cyprusflyadventures.com).

Ferienhäuser mit Ausblick
Pissoúri
Der klassische Urlaubsort zwischen Küste und Bergen ist Pissoúri (🗺 C 9) mit seinem gemütlichen Dorfplatz, auf dem die Tavernen reihum Folkloreabende

Nur beim Karneval und bei der Pride Parade feiert die Gay-Community öffentlich.

abhalten. Zum Sandstrand braucht man mit dem Auto nur ein paar Minuten.

Im **Hambis Printmaking Museum** in den Bergen oberhalb von Pissoúri (nördlich der Autobahn) wird die ›Schwarze Kunst‹ des Druckens mit einer wunderschönen Sammlung von Werkzeugen, Materialien und historischen Werken in ihrer Kombination aus Handwerk und Kreativität vorgestellt (Platanisteia, Di–So 10–13, 16–18, Winter 15–17 Uhr, 2 €).

Wein und Wandern
Arsos

Von allen Weindörfern im Tróodos ist mir Arsos (D 8) das liebste. Ein freundlicher und lebendiger Ort, der trotz touristischer Öffnung seinen ursprünglichen Charakter bewahrt hat. Im **Kafeneíon Apostólou Philíppou** auf dem Dorfplatz neben der gleichnamigen Kirche treffen Sie die Einheimischen unter einer Laube aus Weinranken. Es gibt zwar kein Speisenangebot, aber von der **Taverne Ágorá** gegenüber wird das Essen gebracht (T 99 66 27 26, tgl. 6–18 Uhr).

Ársos war einmal ein reiches Weindorf. Von seiner stolzen Geschichte erzählen nicht nur die hübschen Häuser in den gewundenen Gassen, sondern auch das **Volkskundemuseum** (Eintritt frei, im Kafeneíon nach dem Schlüssel fragen).

Das **Kallena** ist ein Verkaufs- und Verkostungsraum für Kräuter, Öle und Sirup aus biologischem Anbau (Mo–Fr 8–18 Uhr). Nach Vereinbarung mit dem Besitzer Evagoras sind auch geführte Wanderungen entlang der sechs mittelalterlichen Brunnen in der grünen Umgebung möglich (10 €/Gruppe). Wer Ende September kommt, erlebt das **Palouzé-Festival,** bei dem der süße Pudding aus Weinmost mit Tänzen, Verkostung und jeder Menge Wein gefeiert wird.

⌂ Elegant
Arsorama

Frau Zoúla hat das Heim ihrer Großeltern in eine Herberge mit mehreren

In **Álassa** (E 8) steht der Kirche des Hl. Nikolaus das Wasser bis zum Hals. In regenreichen Jahren schaut nur die Spitze des Glockenturms aus den Fluten heraus. Aber der Untergang der Dorfkirche von Álassa war nicht Teufelswerk, sondern ein Opfer für das größere Wohl. Für den Bau des Koúris-Damm musste das gesamte Dorf 1985 umgesiedelt werden. Die Kirche blieb an ihrem Fleck und fiel dem steigenden Wasserspiegel zum Opfer. 2004 wurde sie ganz aufgegeben und ist heute eine Attraktion für Taucher.

kleinen Häusern (Wohnzimmer, Schlafzimmer, Küche, Dusche) verwandelt. Wie eine Übernachtung im Museum, ein echtes Erlebnis.

Kosténas-Str. 2–4, T 25 81 70 00, www.arso rama.com.cy, Haus für 2 Pers. ab 100 €/Nacht

Rummel zwischen Natursteinmauern
Ómodos

Im Tróodos liegen jede Menge malerische Weindörfer. Das größte und leider touristisch überlaufenste ist Ómodos (D 8) mit seinem romantischen Dorfplatz gleich neben der schönen Heiligkreuz-Klosterkirche.

Öko-Avantgarde
Treis Eliés

Das Ökodorf mit dem schönen Namen ›Drei Oliven‹ (D 7) ist ein Avantgarde-Projekt für Zypern. Der einst fast verwaiste Ort mit den typischen Steinhäusern erhält mit dem Zuzug junger Leute, die ökologische Landwirtschaft betreiben, eine neue Zukunft. Frau Androúla informiert über das Projekt und vermietet auch zwei Apartments in ihrem 100 Jahre alten, renovierten Haus.

To Spitikó tou Árchonta, T 99 52 71 17, www. spitiko3elies.com, DZ ab 75 €, Mindestaufenthalt zwei Tage

Zum Vernaschen – ein kulinarischer Besuch in Anógyra

7

Gegen Stress sollte man die Aussicht von Anógyra verschreiben. Von dem Plateau, auf dem das Dorf steht, reicht der Blick hinunter zur Küstenlinie und umfasst die gesamte Akrotiri-Halbinsel. Das entspannt die Seele. Aber auch für das leibliche Wohlbefinden hat der Ort einiges zu bieten.

Beim Bonbon-Kocher

Naschen ohne Reue. Die Pastéli-Macher Andreas und Despoulla Michala von **To Paradosiakó** 🛍 sind die einzigen in Zypern, die das Carob-Toffee noch von Hand und ganz ohne künstliche Zusätze herstellen. Die Herstellung ist eher absonderlich: Nachdem die Johannisbrotschoten in Wasser eingeweicht wurden und die Flüssigkeit durch stundenlanges Kochen eingedickt ist, bleibt eine feste Masse übrig. Die kommt an einen Holzpflock an der Wand und wird so lange gezogen, bis der Pastéli-Zopf immer dünner wird und golden leuchtet. Die natürliche Bonbon-Masse wird als kleine harte Platten verkauft, von denen man sich Stücken abschlägt, die im Mund schmelzen.

Zwei Tage braucht Andreas, bis aus den Schoten des Johannisbrotbaums die Grundsubstanz für Pastéli geworden ist. Und dann heißt es: ziehen! Um auf den Feldern bei Kräften zu bleiben, trank man früher Wasser mit Carob-Sirup vermischt. Die zyprischen Kinder kauten die schwarzen Schoten wegen ihres süßen Geschmacks. Carobsirup vermischt mit Sesampaste ergibt einen nussigen Brotaufstrich.

Im Kräutergarten

Den würzigen Duft der Gegend fängt Marios Apostolides ein und füllt ihn in Flaschen ab. **Ánagyris** 🛍 hat er die Marke genannt, unter der er ätherische Öle herstellt und vertreibt. Es ist der Name der Pflanze, die dem Dorf auch den Namen gegeben hat. Die Destillerie verarbeitet die Kräuter, die gleich nebenan in dem großen Garten wachsen. An Wochenenden bekocht er seine Gäste auch und führt ihnen vor, wie Seife aus Olivenöl hergestellt wird.

Auf dem Bauernhof

Stella Theocharous Panteli ist eine echte Power-

frau. Sie versorgt nicht nur 200 Ziegen und Scha-
fe, sondern auch sieben Kinder. In ihrer Molkerei
Ktima Stalies 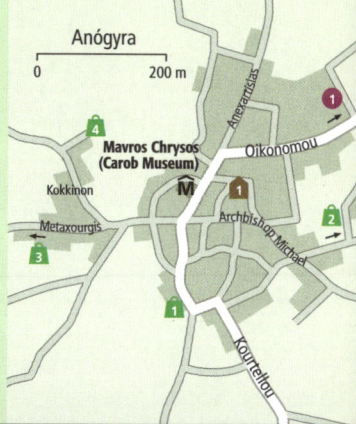 dürfen Sie sich die Nase an den
großen Scheiben plattdrücken, um bei der Her-
stellung von Halloúmi-Käse, Joghurt & Co. zu-
zuschauen. Der Name ihres Labels ist natürlich
ebenfalls eine Hommage an das Dorf: ›Ánoyrkátiko‹. Auf Anmeldung können Besucher eine
Führung über den Bio-Bauernhof bekommen und
beim Käsemachen helfen.

INFOS/ÖFFNUNGSZEITEN

To Paradosiakó: Wer bei der
Pasteli-Fabrikation zuschauen möchte,
muss ganz früh kommen. Der Hofladen
ist aber den ganzen Tag geöffnet und
das kleine Carob-Museum der Familie
ebenfalls (An der Hauptstraße, T 25 22
15 00, 99 76 50 78, tgl. 7–19 Uhr).
Pastéli-Festival im Sept. mit Vorführungen der Bonbonmacher-Zunft,
Naschereien und traditionellen Kultur-
aufführungen
Anagyris Park und Restaurant:
auf dem Hügel östlich des Dorfes
(ausgeschildert), T 99 48 81 29, Sa/So
11–16 Uhr
Molkerei Ktima Stalies: frische
Milchprodukte der Marke Ánoyrkátiko
von glücklichen Ziegen und Schafen,
zum Kosten und Kaufen: 1 km westlich
von Ánoyrkátiko (ausgeschildert, T 99
43 32 87, Mo–Fr 8–18, Sa 9–17, So
10–16 Uhr)
Domaine Nicolaides: Das Weingut
wird in der dritten Generation von
Nicolas Nicolaides betrieben. Sehr
gute Weine, Verkostung während der
Öffnungszeiten (Teil der Weinstraße 4.
Kokkinon-Str. 2, T 25 22 17 09, Mo–Fr
9–17, Winter bis 16 Uhr)

KULINARISCHES FÜR ZWISCHENDRIN

Oleastro-Taverne: Der Oleastro-
Park bringt die Geschichte und den Geschmack des Olivenöls unter die Leute.
Das Openair-Museum serviert in seiner
Taverne zyprische Gerichte, zubereitet
mit organischem Olivenöl aus eigener
Produktion (außerhalb des Dorfes an
der Straße nach Pachna, T 99 52 50 93,
www.oleastro.com.cy, tgl. 10–18 Uhr, 3
€ für den Park).

WOHNEN WIE IM MUSEUM

Nicolas and Maria's Cottages:
ein 300 Jahre altes Landhaus mit
Charme und viel Platz im Hof, drumherum Zimmer mit Kaminen und Wifi
(Papaelissaiou-Str. 4, T 99 52 54 62,
www.cyprusvillagehouses.net, Zimmer
mit Küche ab 49 €).

Anógyra

0   200 m

Mavros Chrysos
(Carob Museum)

Oikonomou

Kokkinon

Ameranzias

Archbishop Michael

Metaxourgis

Kourrelhou

8

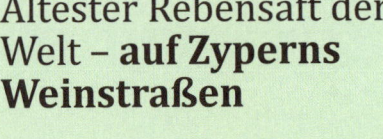

Ältester Rebensaft der Welt – **auf Zyperns Weinstraßen**

Darf ich Sie auf einen Commandaria einladen? Er ist ein edles Tröpfchen mit einer langen Tradition und Zypern eines der ältesten Weinanbaugebiete der Welt. Schon vor 5500 Jahren beherrschten die Inselbewohner die Kunst der Weinherstellung. Bis heute reifen an den Hängen des Tróodos die leckersten Trauben. Die hiesigen Winzer profitieren davon und verwandeln sie in köstliche Weinkreationen.

Ob Sie nun Connoisseur sind oder vollkommen ahnungslos in der Weinkunde, für einen Einstieg in Zyperns Weinwelt empfehlen sich die Museen. Im **Weinmuseum Erími** `1` sind auf kleinstem Raum die Etappen der zyprischen Weinproduktion und ihre Highlights dokumentiert, u.a. ein Stück Amphore mit Weinresten, das Archäologen auf 3500 v. Chr. datierten. Die **Burg** von **Kolóssi** `2` war einst Sitz des Johanniterordens, der auf seinen La Grande Commandarie genannten Gütern Wein produzierte und den danach benannten Commandaria in die westliche Welt exportierte. Die Weinpressen in **Ómodos** `3` und **Láneia** `4` gehören zu den ältesten der Insel. Außerdem hat fast jedes Weindorf und jedes Weingut seine eigene kleine Ausstellung von Gerätschaften, Gefäßen und Bildern.

Sieben Wege zum Glück

Die hohe Zeit der süßen Weine ist längst passé. Heute sind die Insel-Weine herb bis lieblich, stets aber aromatisch dank der intensiven Sonneneinstrahlung und der reichen Böden. Auf sieben Weinstraßen können Sie die Vielfalt verkosten. Entlang der Routen, die mit Nummern und verschiedenen Farben gut ausgeschildert sind, entdecken Sie Kellereien und Tavernen, die lokale Weine anbieten. Eine Broschüre mit allen Weinstraßen erhalten Sie in den Tourist-Informationen.

VINTAGE

Der süße Dessertwein **Commandaria** wird aus sonnengetrockneten Trauben hergestellt. Diese Verfahrensweise wird heute wie vor tausenden Jahren genutzt. Daher ist Commandaria nachweislich der älteste noch immer hergestellte Wein der Welt. Als solcher ist er sogar im Guinness-Buch der Rekorde verzeichnet. Außerdem hält er den Rekord als älteste Appellation d'Origine. Denn seit dem Mittelalter müssen die Trauben für diesen Wein in einem der 14 Commandaria-Dörfer im Tróodos-Gebirge geerntet und gekeltert werden.

Die Dörfer

Die Weinbauern haben das Gespür für die Reb-
stöcke von ihren Vorfahren geerbt. Die Pflanzung
und Ernte erfolgt noch in alter Manier, alles wird
in mühsamer Handarbeit erledigt. Freiwillige
Erntehelfer sind übrigens meist willkommen. Die
Bauern liefern nicht alle Trauben an die Kellereien ab, denn sie selbst setzen auch noch ihren eigenen Hauswein an. Erwarten Sie aber nicht zu
viel, wenn Sie einen selbst gemachten Dorfwein
angeboten bekommen. Da zählt oft die Geste
mehr als der Geschmack. In den traditionellen
Weindörfern sind häufig noch alte Gerätschaften
in Gebrauch, die Besuchern gern gezeigt werden.

*Hier sieht's aus wie beim
Trauben-Orakel.*

INFOS/ÖFFNUNGSZEITEN

Cyprus Wine Museum 1: Erími,
www.cypruswinemuseum.com, tgl.
9–17 Uhr, 5 €
Burg Kolóssi 2: T 25 93 49 07, tgl.
8.15–19.45, Winter bis 17.45 Uhr, 2,50 €
**Historische Weinpressen in Ómodos
3**, tgl. 9.30–18, Winter bis 16 Uhr,
Eintritt frei, und in **Láneia 4**, immer
zugänglich, Eintritt frei
Commandaria-Museum 5: Zoopigí,
T 99 65 62 88, Besuch telefonisch
ankündigen, 2 €
**Wein- und Zivanía-Feste in den
Bergdörfern:** Anfang Sept.–Mitte Okt.
in Vása, Lófou, Ársos, Koiláni
Xarkis Festival: Lófou, Juli. Die junge
Szene belebt das Weindorf mit Musik,
Kunst, Design und Handwerk und
Workshops.
Lesestoff: Christiane Sternberg und
Marcos Gittis, »Aus Liebe zum Wein –
Das Geheimnis von Zyperns Trauben«

KULINARISCHES FÜR ZWISCHENDRIN

Simposio Taverne 1: Peléndri (Weinstraße 6). Traditionelle zyprische Küche
und gute lokale Weine (T 99 40 43 48
So, Mi, Do 11–18 Uhr, Fr/Sa 11–21 Uhr,
Mezé 15 €/Pers.)

HEIMELIGE ATMOSPHÄRE

Xenios Cottages 1: Lófou (Weinstraße
4). Die kleinen Häuser aus dem 19. Jh.
sind liebevoll mit Naturmaterialien
restauriert worden. Küche, Wohnzimmer
und Bett befinden sich in einem Raum –
urgemütlich (Ilia-Kanaourou-Straße,
T 99 66 67 73, www.xenioscottages.
com, ab 75 €).

Hier geht's los
Tróodos
Das Dorf (🗺 D 7) ist eigentlich nur eine Ansammlung von Restaurants und Verkaufsständen. Die nussigen Kreationen von **Cyprus Nuts** etwa machen süchtig (online gibt's Nachschub: www.cyprusnutsonline.com). Als Ausgangspunkt für Wanderungen durch die grüne Berglandschaft (ausgeschildert) und für Wintersportler (www.cyprusski.com/piste-road-conditions) ist er ebenso beliebt wie als Ausflugsziel. In 1750 m Höhe ist es im Sommer kühl, im Winter verschneit. Das **Besucherzentrum des Tróodos-Nationalparks** informiert mit Video sowie einem botanischen und geologischen Lehrpfad über das größte Gebirge Zyperns (Tróodos Visitor Centre, am Dorfplatz, 10–15 Uhr, Juli/Aug. bis 16 Uhr, 1 €).

Von Dezember bis März sind die Skipisten an den Hängen des **Olymp,** 1951 m über dem Meeresspiegel, voller Wintersport-Enthusiasten. Die Ferndiagnose, ob genug Schnee liegt, gestattet eine Livecam vor Ort (www.skicyprus.com/webcam). Ab März ergibt sich die schönste Kombination: Während im Gebirge noch Abfahrts-

lauf möglich ist, verlocken die milden Temperaturen im Tal schon zum Bad im Meer. Sommer- und Winterurlaub an einem Tag, nur eine Autostunde voneinander entfernt.

⌂ Elegant
Tróodos Hotel
Das Tróodos ist ein exzellentes Berghotel mit gutem Essen, Kamin, Sommerterrasse und atemberaubender Aussicht aus den Panorama-Fenstern.
Tróodos-Platz 16, T 25 42 00 00, www.troodoshotel.com, DZ/F in der Saison ca. 100 €, WiFi auf dem Zimmer 5 € extra

Ganz großes (Kirchen-)Kino
Kykkos
Die überbordene Ausstattung der Kirche von Kloster Kykkos (🗺 D 7), dem reichsten und eindrucksvollsten der Insel, mit Gold und Kunstwerken ist schier überwältigend. Am wertvollsten aber ist die wundertätige Marien-Ikone, die Zypern in vielen trockenen Sommern schon zu Regen verholfen haben soll. Vor dem Kloster sind Buden aufgebaut, die handgemalte Ikonen, Andenken und den von Mönchen gebrannten roten Zivanía-Schnaps verkaufen.
Kloster und Museum, 10–18, Winter bis 16 Uhr, 5 €

Wasser und Schokolade
Páno Plátres
Wer auf sich hält, fährt im Sommer nach Páno Platres (🗺 D 7), um die Kühle des Bergdorfes zu genießen. Hier machten schon Könige und Gouverneure Ferien. Ein Besuch beim **Kaledónia-Wasserfall** gehört unbedingt ins Programm. Versteckt in verwunschener Natur, führt der Pfad am Bach entlang, der immer wieder auf wackeligen Steinen überquert werden will. Gefährlich wird es nie, man holt sich höchstens nasse Füße. Zur Belohnung winkt am Ende der Tour frische Forelle vom Grill im Restaurant **Psiló Déndro** (Aidonón-Str. 13, T 25 81 31 31, tgl. 9–17 Uhr, frische Forelle 14,50 €).
Am **Milroméri-Fall** können Sie beinahe direkt mit dem Auto vorfahren. Ein

---

F FRAUEN-LOS

In Kaffeehäusern (griech. *kafeneíon*, türk. *kahvehane*) treffen sich traditionell die Männer, um große Politik und kleine Geschäfte zu debattieren. Davor hocken die Alten schon früh, um die Zeitung zu lesen, andere kommen auf eine Partie *távli* (türk. *tavla)* vorbei. Das Innere ist meist nur ein kahler Raum mit ein paar Tischen und Stühlen und einem Fernseher (Fußball!). Touristen, auch weibliche, werden freundlich aufgenommen und mit Informationen wie mit Getränken versorgt. Die Frauen aus dem Dorf wird man in dieser Umgebung nicht finden.

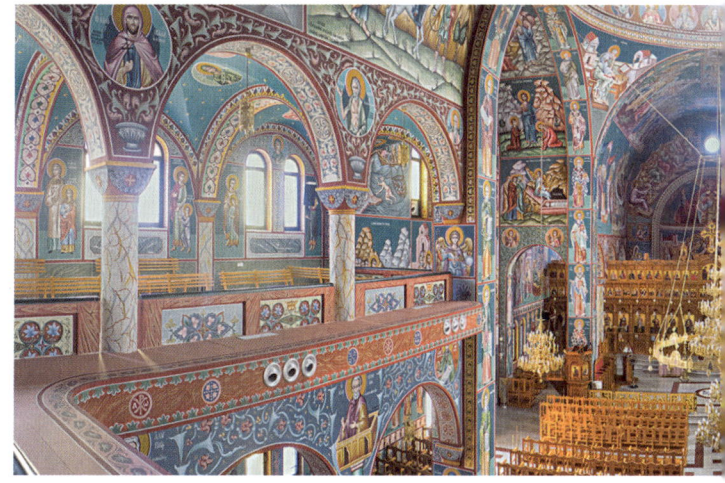

Kloster, Gold, Kykkos! Hier sind selbst die Kirchenmäuse nicht arm.

Spaziergang genügt, und Sie finden sich mit etwas Glück in stiller Abgeschiedenheit wieder, denn dieser Wasserfall ist weit weniger bekannt. Seine Schokoladenseite zeigt das Dorf im **Chocolate Workshop,** der Pralinen mit zyperntypischen Füllungen, wie Commandaria, Zivanía oder Brandy Sour, anbietet (Olympíou-Str. 1, T 99 49 43 35, 10–17 Uhr, Praline 2 €).

Tourist-Information: Dorfplatz, T 25 42 13 16, Mo–Fr 8.30–15, in der 2. Woche im Monat auch Sa 9–14 Uhr

Rosige Aussichten
Agrós
In diesem Dorf (⌘ E 7) dreht sich alles um die Schönheit. Auf den Feldern rundum wachsen Tausende Damaszener-Rosen, aus deren Blüten das stark duftende Rosenwasser destilliert wird. Zur Ernte im April und Mai gleicht das Dorf einer rosa Wolke. Freiwillige Pflücker sind gern gesehene Gäste (Ernte ab April, 5–10 Uhr, feste Schuhe und langärmlige Kleidung wegen der Bienen, Anmeldung unter T 25 52 18 93).
Am 2. und 3. Wochenende im Mai findet jedes Jahr das **Rosenfestival** mit Vorführungen und viel traditioneller Kultur statt. Kosmetik und Heilmittel sowie Süßigkeiten aus Rosenwasser und Duftkerzen gibt es in der **Rosenfabrik** über zu kaufen (Triantafíllou-Str., T 25 52 18 93, ganzjährig Mo–Fr 8–20, Sa/So 9.30–20, Winter bis 17 Uhr, Rosenkosmetik ab 8,50 €, Vertrieb in Deutschland: www.venus-rose.de).

Die Nachtigall, der Vogel der Verliebten, macht in **Plátres** die Nacht zum Tage. Ab Mitte August klingt ihr Gesang durch die lauen Sommernächte. Die Nachtigall ist sogar das Wappentier des Dorfes. Der griechische Literaturnobelpreisträger George Seferis schrieb 1955 in dem Gedicht »Helena«: »Die Nachtigallen gewähren dir keinen Schlaf in Platres.« Ihre Melodienvielfalt ist einzigartig unter den Singvögeln. Nachtigallen-Männchen beherrschen an die zweihundert unterschiedliche Strophen. Da kann man sich leicht verzaubern lassen.

69

9

Aus Asbest wächst ein Wald – **Wandern bei der Amíantos-Mine**

Im Herzen des Tróodos wurde für Jahrtausende Asbest abgebaut, bis die Anerkennung seiner schädlichen Wirkung zum Produktionsstopp führte. Doch was anfangen mit 330 ha Gelände, in dem der Tagebau nichts als tote Erde hinterlassen hat? Schauen Sie selbst, wie einer Mondlandschaft wieder Leben eingehaucht wird.

F
FLECKEN LOS

Selbst der Name des Dorfes geht auf den Asbestabbau zurück. Das griechische Wort *amíantos* (= unbefleckt), bezeichnet die Eigenschaften der Mineralischen Fasern. Kleidung aus diesem Stoff war unverbrennbar und ließ sich reinigen, indem man sie ins Feuer warf.

Auf der B 9 zwischen Nikosia und Tróodos fällt eine atemberaubende Landschaft ins Auge: Ein Krater mit steil abfallenden Hängen, umrahmt von den gewaltigen Gebirgszügen des Tróodos, in seiner Mitte ein leuchtend blauer See. Zu ihren Füßen erstreckt sich die ehemalige Asbestmine Amíantos. Was bis vor 30 Jahren staubiger, giftiger Tagebau war, hat heute wieder den Touch einer Postkartenidylle.

Es gibt einen reizvollen Wanderweg, der an der Mine entlangführt. Der Trail beginnt an der ›Goldquelle‹ **1** (Chrysovrysi), einem steinernen Wasserspeier am Straßenrand. Als dieser Brunnen 1910 errichtet wurde, erleichterte er den Arbeitern der Amíantos-Mine die Wasserversorgung. Zu Tausenden lebten sie mit ihren Familien direkt auf dem Minen-Gelände. Der **Naturwanderweg Chrysovrysi** (1,5 km), der 300 m links der Quelle beginnt, war früher der Verbindungsweg ins Dorf.

Sie können auch ein Stück direkt durch die Mine laufen. Ausgangspunkt ist die ehemalige Schule des Tagebaus, die das **Besucherzentrum 2** für den Tróodos-Geopark beherbergt. In der Ausstellung wird nicht nur die Entstehung des Gebirges erklärt, Sie erhalten auch einen Überblick zur Geschichte der Astbest-Produktion und der Umweltsanierung, die 1995 begann. Lassen Sie Ihr Auto am Besucherzentrum und laufen Sie hinauf zum **Botanischen Garten 3** (1,2 km). Die Asphaltstraße schlängelt sich entlang der neu bepflanzten Hänge und eröffnet einen grandiosen Blick auf den künstlich angelegten **See 4** und das Dorf **Amíantos** unten im Tal. Im Besucherzentrum des kleinen Parks bekommen

Zur Stabilisierung der Halden wurden auf dem Gelände der Mine schon 150 000 Bäume und Büsche gepflanzt. Die Muttererde wird bis zu 1 m dick aufgebracht, um die Asbestfasern zu bedecken, damit sie nicht in die Luft und durch Auswaschung stromabwärts in fließende Gewässer gelangen. 2030 soll die Renaturierung abgeschlossen sein.

Sie einen Eindruck von dem Mammutwerk, das hier geleistet wird. Der künftige Wald ist bereits zu erahnen, und inzwischen siedeln hier auch schon Füchse, Hasen und sogar Habichtsadler.

INFOS/ÖFFNUNGSZEITEN

Tróodos Geopark Visitor Center 2 : B 9 nahe Káto Amíantos, Di–So 9–16 Uhr, 3 €. Eine DVD über die Entstehung des Tróodos-Gebirges in Deutsch ist für 10 € im Shop erhältlich.
Botanischer Garten 3 : an der B 9, oberhalb der Amíantos-Mine, ständig zugänglich, Besucherzentrum Mo–Fr 9–14 Uhr, Eintritt frei; schönste Zeit zum Besuch Mai/Juni, wenn alles blüht

KULINARISCHES FÜR ZWISCHENDRIN

Nach einer Wanderung darf es zur Einkehr auch mal ein schlichtes Ausflugsrestaurant sein. Das **Ólympos** 1 liegt direkt an der B9, kurz hinter der Abfahrt zum Geopark-Besucherzentrum. Einfache, altmodische Ausstattung, aber ein grandioser Blick über die Mine. Evroulla und Loizos nehmen ihre Gäste auf wie Familienmitglieder (tgl. 10–22 Uhr, Hauptgericht um 7 €).

Faltplan: E 7

Páfos und der Westen

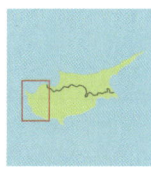

Nirgends auf Zypern gehen Geschichte und Natur eine so reizvolle Verbindung ein wie in der Region um Páfos. Die historischen Spuren der Antike sind in den prächtigen Bodenmosaiken sichtbar, Mythos und Wahrheit des Aphroditekults begegnen uns an magischen Schauplätzen. Die unberührte Landschaft der Akámas-Halbinsel, der geheimnisvolle Páfos-Wald, in dem Mufflons und Greifvögel leben, menschenleere Strände, an denen Meeresschildkröten nisten und die idyllischen Küstenorte machen die Gegend zu einem Füllhorn faszinierender Eindrücke.

Páfos 🗺 A/B 8

Zu Recht ist Páfos ist stolz auf sei-ne Geschichte. Gegründet wurde die Stadt von einem Helden aus dem Trojanischen Krieg, der Aphro-dite auch gleich noch einen Tempel weihte. In der Antike war hier die Hauptstadt der Insel angesiedelt. Dank seiner reichen Geschichte bekam Páfos in der Neuzeit wieder diesen Titel verliehen, wenn auch nur für ein Jahr: Europäische Kulturhauptstadt 2017. Seither hat der Küstenort (64 300 Einw.) einen Aufschwung in Richtung Moderne genommen. Vor der verschönerten Kulisse der historischen Altstadt spielt sich das Leben in all seinen bunten Facetten ab, das klas-sischen Bildungsurlaubern und trendbewussten Reisenden glei-chermaßen viel zu bieten hat.

···
WAS TUN IN PÁFOS?
···

Káto Páfos
Auf das Plätschern der Boote lauschen, sich frischen Seewind um die Nase we-hen lassen und frühstücken. So beginnt ein perfekter Urlaubstag in Páfos. Der kleine **Hafen** **1** mit seinen vielen Cafés und Tavernen ist der ideale Ausgangs-punkt, um sich die Stadt zu erschließen. Entlang der Kaimauer tummeln sich fliegende Händler und Straßenkünstler, sitzen Pärchen und Angler, flanieren die Spaziergänger bis tief in die Nacht hinein. Die **Hafenpromenade** hat zwar keinen Strand zu bieten, aber dafür steinerne Sonnenterrassen und Leitern, an deren Ende das Meer lockt. Dieses **städtische Freibad** **2** punktet mit Umkleidekabinen und freiem WLAN. Richtung Osten schließen sich dann Hotelanlagen und Strände an. Als Wahrzeichen der Stadt gilt das kleine **Hafenkastell** **3**, eine Verteidigungsein-richtung mit baulichen Wurzeln im Mit-telalter und Umbauten aus osmanischer Zeit (tgl. 8.30–19.30, Winter bis 17 Uhr,

2,50 €). Jedes Jahr im September bildet es die Kulisse für die Opernaufführung des **Páfos Aphrodite Festivals** (www.pafc.com.cy). Hinter dem Fort beginnt ein **Küstenwanderweg** **4**, auf dem man bis zu den Königsgräbern spazieren kann.

Lovestory: Zentaur bezirzt Mänade

Páno Páfos
Während im unteren (Káto) Páfos der Tourismus die Oberhand hat, leben in Páno Páfos die Einheimischen. Weniger Antike, mehr Neoklassizismus. Dieser Teil der Stadt wird auch ›Ktima‹ (Sied-lung) genannt. Seit den Feierlichkeiten zur Europäischen Kulturhauptstadt strahlen auf dem Mousallá-Hügel die **Gebäude aus der Kolonialzeit,** Straßen und öffentliche Plätze in neuem Glanz. Der **Park** **5** bekam begrünte Gartenskulpturen, Hauswände kunstvol-le Graffiti. Das Gastro-Angebot ist hier oben vielfältiger und nicht auf Urlauber in Partystimmung ausgerichtet. Der **Fußgänger-Boulevard Makários III** bewahrt seinen Stolz als Einkaufsstraße auch gegen die Übermacht der Kings Avenue Mall. Kultureller Anziehungs-punkt ist das **Technopolis 20** **6**, das auch einfach nur als gemütliches Café mit Bio-Leckereien dienen kann, wenn nicht gerade Ausstellungen oder Konzer-te stattfinden (Nikolaou Nikolaidi-Allee 18, www.technopolis20.com, Mo–Fr 10–2 Uhr). Im alten Elektrizitätswerk ist mit dem **Polihóros Cultural Centre** **7** ebenfalls Platz für Ausstellungen und ein liebenswertes familiengeführtes Restaurant (Vladímirou Iracléous-Str. 8, tgl. 16–19 Uhr, Paliá Ilektrikí Café **1** tgl. 11–15, 18–23 Uhr).

Laiki Geitonia

Das traditionelle Viertel der Oberstadt ist geprägt von verwinkelten Gassen und den Wahrzeichen der Vergangenheit. Denn auf dem Moutallos-Hügel lag einst das alte Türkenviertel. Unter Dampf steht das ehemalige **Hamam** 8 schon seit über 120 Jahren nicht mehr, es dient aber inzwischen als Kulisse für eine sommerliche Openair-Bar. Die **Moschee** 9 entstand im 16. Jh. einfach dadurch, dass der alten byzantinischen Kirche Agía Sophía mit ihrer typischen Kreuzform ein Minarett aufgesetzt wurde. Die alte **Markthalle** 10 ist inzwischen ein überdachter Basar, in dem Souvenirshops und kleine Geschäfte zum Bummeln einladen (tgl. 9–18 Uhr).

MUSEEN, DIE LOHNEN

Bildergeschichten aus buntem Stein
Archäologischer Park 11

Dionysos und die ersten Betrunkenen, der selbstverliebte Narziss, der Held Achilles als Kleinkind – Geschichten aus der griechischen Mythologie verzieren die römischen Villen von einst. Die antiken Bodenmosaiken sind bestens erhalten und vermitteln eindrücklich, dass Kunst nicht an der Wand hängen muss.

Eingang am Hafen, tgl. 8.30–19.30, Winter bis 17 Uhr, 4,50 €

Paläste für die Ewigkeit
Königsgräber 12

Mit Säulen und Wandgemälden ließen die wohlhabenden Bewohner von Páfos vor mehr als zweitausend Jahren ihre Grabanlagen schmücken. Die in Fels gehauene Nekropole war so beeindruckend, dass man sie nach ihrer Freilegung im 20. Jh. ›Königsgräber‹ taufte, obwohl hier nie eine Majestät bestattet worden ist.

Tombs of the Kings Road, tgl. 8.30–19.30, Winter bis 17 Uhr, 2,50 €

Eine kleine Zeitreise
Ethnografisches Museum 13

Wie hat es in den Hütten und Stuben vergangener Generationen ausge-

Wer früher starb, ist schöner tot: die prächtigen Königsgräber von Páfos.

PÁFOS

Sehenswert
1 Hafen
2 Städtisches Freibad
3 Hafenkastell
4 Küstenwanderweg
5 Fußgänger-Boulevard Makários III
6 Technopolis 20
7 Polihóros Cultural Centre
8 Hamam
9 Moschee
10 Markthalle
11 Archäologischer Park
12 Königsgräber
13 Ethnografisches Museum
14 Agía Solomoní

In fremden Betten
1 Kiniras Hotel
2 Axiothea Hotel
3 Annabelle Hotel

Satt & glücklich
1 Paliá Ilektrikí Café
2 Koutourou Ouzeri
3 Bania
4 Let them eat cake

Stöbern & entdecken
1 The Place
2 Kelpis Shoes

Wenn die Nacht beginnt
1 Muse Kitchen Bar Lounge
2 Vintage Art House Café
3 Timothy's Bar

sehen? Die Ausstellung des privaten Ethnografischen Museums lässt die Vergangenheit lebendig werden. Kein Wunder, dass in dem traditionellen Ambiente auch romantische Hochzeiten gefeiert werden.

Exo-Vrisis-Str. 1, www.ethnographicalmuseum. com, Mo–Sa 9–18, im Winter bis 17, So 9–13 Uhr, 2,50 €

SCHLEMMEN, SHOPPEN, SCHLAFEN

🏠 In fremden Betten

Tradition in der Altstadt
Kiniras Hotel
Seit 1924 werden hier schon Gäste empfangen. Das Hotel ist samt seiner Einrichtung etwas in die Jahre gekommen, aber die zentrale Lage, die liebenswerte (und deutschsprachige) Betreuung der Gäste sowie die ausgezeichnete Küche lassen die Pro-Liste überwiegen.

Makários-Allee 91, T 26 94 16 04, www. kinirashotel.com, DZ mit Frühstück und WiFi ab 45 €

Zur Schönen Aussicht
Axiothea Hotel 2
Jedes Zimmer in diesem am Hang des Mousallá-Hügels erbauten Familienhotel bietet eine tolle Aussicht. Die Freundlichkeit und Aufmerksamkeit des Personals kommt dem sprichwörtlichen ›Wunsch-von-den-Augen-ablesen‹ schon recht nahe.

Ivis Malióti-Str. 2, T 26 93 28 66, www.axiothea hotel.com, DZ mit Frühstück und WiFi ab 75 €

Luxus am Meer
Annabelle Hotel 3
Lesende Gäste sind – angezogen von der hauseigenen Bücherecke – in diesem Luxushotel an der Seepromenade eher anzutreffen als lärmende Spaß-Touristen. Zwar ohne Sandstrand, aber inmitten einer üppigen Gartenlandschaft – und der öffentliche Strand ist ja nur ein paar Fußminuten entfernt.

Poseidonos Ave. 10, T 26 88 50 00, www.anna belle.com.cy, Zimmer mit WiFi ab 87 €/Pers.

Als die Menschen noch Naturkräfte anbeteten, vertrauten sie ihre Sorgen auch Bäumen an. Kranke wickelten Stoffstreifen ihrer Kleidung um die Äste und baten um Genesung. Trotz Christentum hat sich die Tradition in abgewandelter Form erhalten. Der Brauch der **Wunschbäume** ist auf der ganzen Insel nach wie vor lebendig. Zum Beispiel an der Kapelle **Agía Solomoní** 14 in Páfos.

🍴 Satt & glücklich

Griechische Lebensart
Koutourou Ouzeri 2
Jeden Tag gibt es eine andere Speisekarte mit raffinierten Gabelbissen und Gerichten. Unbedingt klassisch den Ouzo (mit Wasser) dazu trinken. Der Koch lässt sich direkt auf den Herd und die Anrichte schauen.

25 Martíou-Str. 8, T 26 95 29 53, Di–Sa 13–16, 19–24 Uhr, Fr/Sa besser reservieren

Das Mittelmeer wirkt immer so sanft, aber es hat auch seine Tücken. Die meisten offiziellen Strände in Zypern werden von Rettungspersonal überwacht, an einsamen Badebuchten ist jedoch Vorsicht geboten. Als riskant gilt vor allem der **Venus-Strand** bei Páfos. Die 6 km lange Küstenlinie zwischen den Königsgräbern in Káto Páfos und Pótima in Kissónerga ist berüchtigt für ihre gefährliche Brandungsrückströmung und einen hohen Wellengang.

Der Granatapfel ist ein uraltes Fruchtbarkeitssymbol.

Lieblingsplatz am Meer
Bania ❸

Möbliert wie eine Milchbar der 1950er-Jahre mit einem Angebot, das von frühem Frühstück bis zum späten Cocktail reicht, ist das Bania bis ins Detail großartig. Selbst die Wellen plätschern nur 2 m vom Tisch entfernt. Badestelle und Umkleide in direkter Nachbarschaft.

Poseidonos Avenue, T 26 94 15 58, tgl. 6–0.30 Uhr, Frühstück 6 €, Hauptgericht ab 12 €

Café mit Swing
Let them eat cake ❹

Was im ›Cake‹ auf den Tisch kommt ist hausgemacht, ob frische Torte oder Lachs Wellington. Beliebt nicht zuletzt wegen des entspannten Swing-Sounds, der durch die Räume und in den Garten rieselt.

Agíou Theodórou-Str. 2, T 26 22 14 62, tgl. 10–24, Fr/Sa bis 1 Uhr, Kuchen 4,50 €, Hauptgerichte ab 7 €, Cocktails ab 4,30 €

🛍 **Stöbern & entdecken**

Die Kunst des Handwerks
The Place ❶

Dieser Ort stellt eine wohl einmalige Mischung aus Werkstatt, Atelier und Laden dar. Alles, was sich mit Kreativität herstellen lässt, von Naturprodukten bis hin zu Webstoffen, ist hier zu haben. Das Projekt fördert die Tradition und das Kunsthandwerk der Region Páfos aber nicht nur mit der Verkaufsausstellung. Täglich zeigen Töpfer, Weberinnen, Flötenschnitzer oder Maler ihr traditionelles Handwerk. Unter Anleitung dürfen sich auch die Besucher in manchen Künsten versuchen.

Konstantínou Kanarí-Str. 56, T 26 10 19 55, Mo, Di, Do, Fr 9–18, Mi, Sa 9–14 Uhr, Vorführung Mo–Sa 10–12 Uhr, Kunst kaufen ab 5 €, Mitmachen 3–5 €

Der Schuh-Macher
Kelpis Shoes ❷

Die Chance, einmal handgemachte Schuhe zu tragen, sollten Sie sich nicht entgehen lassen. Bringen Sie das Bild Ihres Sehnsuchtsschuhs mit und innerhalb von zwei Wochen können Sie Ihr maßgeschneidertes Design anprobieren.

Ioánni Agróti-Str. 11, T 26 94 54 77, Mo, Di, Do, Fr 9.30–13.30, 15–18, Mi 9.30–13.30, Sa 9.30–14 Uhr, ab 150 €

Wenn die Nacht beginnt

Drink mit Blick
Muse Kitchen Bar Lounge ☀
Der Panoramablick über Káto Páfos ist so begehrt, dass sich vor allem zum Sonnenuntergang eine Reservierung empfiehlt. In den Sofa-Ecken direkt am Abhang lässt sich der Drink besonders gut genießen.
Andrea-Ioannou-Str. 5, T 26 94 19 51, tgl. 8–2 Uhr, Frühstück 7 €, Hauptgericht ab 12,50 €

Berührung mit der Szene
Vintage Art House Café ☀
Das kleine Café in der Oberstadt ist ein Magnet für Künstler und Kulturmacher. Der Wirt (›Super-Mario‹) befördert das Flair mit Ausstellungen, Open-Air-Kino im Hof und Geschichten über den Kunst-Trödel, der als Deko in der Villa ausgestellt ist.
Georgíou Karaïskáki, T 97 87 58 08, tgl. 8–1 Uhr, Mini-Frühstück mit Gebäck 5 €

Páfos' Underground
Timothy's Bar ☀
Dieser Laden ist Páfos' bestgehütetes Geheimnis. Die winzige Bar mit dem gepflegten Touch eines Provisoriums gibt es schon seit 20 Jahren. Die gespielte Musik reicht von Rembetiko über Deep House bis zu Jazz. Keine Altersbegrenzung nach oben, kein Dresscode.
Alfredou-Str. 12, T 99 42 44 17, geöffnet ab Sonnenuntergang bis spät, Bier 3 €, Drinks 5 €)

 Sport & Aktivitäten

Sightseeing-Bus
Mit dem City Sightseeing Bus hat die Methode Hop-on-Hop-off auch in Páfos Einzug gehalten. Der rote Doppeldecker startet am Hafen und steuert Sehenswürdigkeiten und Hotels an.
T 99 39 37 66, Anfang April–Ende Okt. 10–16 Uhr, 13,50 €

In See stechen
Am Hafen von Páfos gibt es jede Menge Anbieter von **Bootstouren.** Die reichen von Hochseeangeln bis hin zu Mondscheinfahrten. Tipp: Nicht gleich beim Erstbesten buchen, sondern die Preise miteinander vergleichen. Bei den Tagestouren sind meist Buffet und Drinks inklusive.

INFOS

Tourist-Information Káto Páfos: Poseidonos-Allee 63A, T 26 93 05 21, Di/Fr 8–14.30, 15–18, Winter bis 17.30, Mo, Mi, Do 8–14.30 Uhr; **Páno Páfos:** Agoras-Str. 8, T 26 93 28 41, Mo, Do 8–14.30, 15–18, Winter bis 17.30, Di, Mi, Fr 8–14.30, Sa 8–13 Uhr
Führungen: geführter Stadtrundgang durch die Altstadt, Do 10 Uhr, Treffpunkt an der Tourist-Information, Agoras-Str. 8, T 26 93 28 41, 26 93 05 21, kostenlos
Busse: Die zentralen Bushaltestellen befinden sich am Hafen (Parkplatz vor dem Archäologischen Park) und am Karavella-Platz (Páno Páfos). Es bestehen gute Verbindungen zu den Hauptsehenswürdigkeiten und nach Pólis. Das 5-Euro-Tagesticket gilt für alle Linien im Bezirk Páfos. Der Airport-Shuttle vom Flughafen Páfos verkehrt auch bis Limassol, Nikosia und Lárnaka (9–15 €). Nähere Informationen unter www.paphosbus.com

Zypern ist das reinste Früchteparadies. Hier wächst so ziemlich alles: Äpfel und Kirschen in den Bergen, in den Ebenen Melonen und Erdbeeren, an der Küste von Páfos sogar Bananen. Dort ist es feucht und warm genug, um die Früchte reifen zu lassen. Die Sorte ›Dwarf Cavendish‹ sagt schon, dass es sich um Zwerg-Bananen handelt. Die sind zwar klein, aber fleischig und super-süß.

TERMINE

Internationales Festival des Antiken Griechischen Dramas: Juli, Odeon. Internationale und einheimische Künstler spielen im Freilufttheater im Archäologischen Park die Klassiker der Antike.

Pafía Festival: Aug., Koúklia (Palaiá Páfos). Das alte Páfos, wo in der Antike der Aphrodite-Tempel stand, feiert die Liebesgöttin mit Musik und Tanz. ›Pafía‹ war einer der Namen, unter denen sie verehrt wurde.

Aphrodite Festival: Sept., vor dem Hafenkastell. An drei Tagen wird vor der Freiluftkulisse eine italienische Oper aufgeführt (www.pafc.com.cy).

AUSFLÜGE VON PÁFOS

Töpfern und naschen
Geroskípou

Ein bisschen stiefmütterlich wird Geroskípou (📖 B 8) immer als Vorort von Páfos abgetan, aber es ist ein stolzes Dorf mit einer eigenen Aphrodite-Geschichte. Der Ortsnamen setzt sich aus dem griechischen *hierós* (= heilig) und *kípos* (= Garten) zusammen. Im

Hier sitzen Sie in der ersten Reihe!

Altertum erstreckte sich hier ein der Göttin geweihter Hain. Bekannt ist der Ort für seine Süßigkeiten, *Loukoúmia*, die von der Traditionsfirma **Aphrodite Delights** seit dem 19. Jh. hergestellt werden (Fabrik und Laden, Kantarenas-Str. 2). Eine schöne Gelegenheit, zyprische Töpferwaren nicht nur zu kaufen, sondern auch selbst herzustellen bietet **Avgoustínos Pottery.** In Privatstunden oder als Teil der regelmäßigen Gruppenkurse können Sie hier Ihre künstlerische Ader ausleben (Evagora-Pallikaridi-Str. 23, T 99 56 87 26, www.avgoustinospottery.com, Kurse Mi und Sa, ab 40 €).

Hort der Kreativität
Lémba

Das **Cyprus College of Art** in Lemba (📖 A 8) ist in vielerlei Hinsicht ein Wallfahrtsort. Zum einen als Wirkungsstätte des Gründers Stass Paráskos: Der zyprische Maler provozierte in den 1960er-Jahren einen Skandal in England, als er ein sehr freizügiges Gemälde ausstellte. Zum anderen ist die Kunstschule, die 1969 von ihm gegründet wurde, ein Hort der Kreativität, da sich internationale Künstler hier für einen Arbeitsaufenthalt einmieten können. Die Maler und Bildhauer arbeiten in Freiluft-Atmosphäre und lassen sich gern über die Schulter schauen. Stass Paráskos-Str. 6, T 99 45 27 57, www.artcyprus.org

Gier auf Bier
Aphrodite's Rock Brewing Co.

Nicht nur guten Wein gibt es in dieser Gegend, sondern auch ausgezeichnetes Bier. Unter dem Label ›Aphrodite's Rock‹ bringt die gleichnamige Mikro-Brauerei an der Straße nach Pólis hinter **Tsada** (📖 B 8) Biere im irischen, englischen, amerikanischen und deutschen Stil heraus. Führungen durch die Brauerei einschließlich Verkostung dauern 4 Std. und kosten 37,50 €. Der angeschlossene Pub verströmt typisch britische Gemütlichkeit T 26 10 19 01, www.aphroditesrock.com.cy, wechselnde Öffnungszeiten

Die kleine Meerjungfrau von Páfos kann sich am Hafenkastell nicht sattsehen.

Erbauung rundum
Chrysorrogiátissa

Die beschauliche Klosteranlage Chrysorrogiátissa (Unsere Heilige Jungfrau vom Goldenen Granatapfel, gegr. 1152; 🗺 C 7) mit ihrem blumengeschmückten Innenhof und der herrlichen Aussicht auf das Bergpanorama ist ein Idyll. Der hauseigene Weinkeller wird als Weinmuseum genutzt. Die Sammlung von Ikonen und liturgischen Gewändern im Obergeschoss dient zur geistigen Erbauung, der delikate Wein aus eigener Produktion im Klosterladen zur körperlichen.

An der Weinstraße 2, T 26 72 24 57, tgl. 9.30–18.30, Winter 10–16 Uhr

Basis im Forst
Stavros tis Psókas

Mitten im tiefen Páfos-Wald auf 900 m liegt die Forststation Stavrós tis Psókas (🗺 C 6). Für Spaziergänge und ein Picknick unter rauschenden Bäumen wärmstens zu empfehlen. Wer geduldig wartet, kann im nahe gelegenen **Wildgehege** sogar eines der scheuen Zypern-Mufflons sichten. Wanderer nutzen den Campingplatz und das Gästehaus auch als Basisstation für Touren in die Umgebung.

Anreise über die Straße von Pólis oder vom Kloster Kykkos, T 26 99 18 58, 4 DZ, 14 €/Pers.

SONNIG

Die Region Páfos wirbt mit spektakulären **Sonnenuntergängen.** Plätze mit bezaubernden Ausblicken sind der Felsen der Aphrodite, das Dorf Koúklia, der Hafen von Káto Páfos und der Leuchtturm sowie Mouttalos, das alte Türkenviertel. Außerdem lohnt sich der Blick von der Küstenlinie zwischen Chlórakas, Lémpa und Kissónerga, von der Lára-Bucht und von vielen Fleckchen rund um Pólis und Néo Chorió.

10

Ungebändigte Schönheit – **die Akámas-Halbinsel**

Einer der wenigen Orte in Zypern, wo die Natur ganz sich selbst überlassen bleibt, ist die Akámas-Halbinsel. In der unberührten Wildnis gedeihen seltene Pflanzen, leben Schmetterlinge, Robben und Füchse ungestört. Wegen seiner ökologischen Vielfalt steht das Gebiet unter Schutz, was Landbesitzern ein Dorn im Auge ist.

Im Akámas unterwegs sein heißt Wanderschuhe schnüren. Nur wenige feste Waldwege sind befahrbar, ein Netz von schmalen Pfaden schlängelt sich über die Halbinsel im Westen Zyperns. Bis zum Kap Arnaoútis geht es nur zu Fuß vorwärts. Doch jede Blase am Zeh lohnt sich – wegen dem Duft des wilden Thymians, der kreisenden Vögel und der grandiosen Aussicht.

Wanderwege wählen

Einige der acht Wanderrouten sind zwar mit Hinweisschildern angekündigt, doch fehlen unterwegs Markierungen. Es empfiehlt sich also gutes Kartenmaterial. Kurze Strecken führen über 5 km, die große Runde durch die **Ávakas-Schlucht** `1` über 18 km ist ein Muss für Naturfreaks: Zwischen bis zu 30 m aufragenden Felswänden geht es an einem steinigen Flussbett entlang. Auch im Hochsommer gedeiht hier eine üppige Vegetation. Auf allen Wegen im Akámas an festes Schuhwerk, lange Hosen und Wasserflaschen denken!

Streit um den Schutz

Die Akámas-Halbinsel hat erst 2016 den Schutzstatus eines ›National Forest Park‹ bekommen. Nach langen Debatten zwischen Naturschützern und Landbesitzern klammerte die Regierung privaten Landbesitz aus dem Schutzgebiet aus und will hier sanfte Entwicklung erlauben, um auch dem Tourismus eine Chance zu geben. Allerdings sei, so bemängeln die Umweltorga-

OTTERN

In Zypern gibt es etwa zehn Schlangen-Arten, aber nur vor einer muss man sich wirklich in Acht nehmen. Die Levanteotter, die größte Viper Europas, ist etwa 1 m lang, hellgrau bis braun gefleckt und sehr scheu. Ein Biss muss schnell vom Notarzt mit einem Antiserum behandelt werden. Auf keinen Fall die Bisswunde aussaugen. Andere Schlangen auf Zypern sind ungiftig oder für Menschen relativ ungefährlich.

Im weitläufigen Gelände des Akámas kann man sich durchaus verlaufen. Am besten per GPS den Ausgangspunkt der Wanderung, besser noch die eigene Wegstrecke markieren, damit man wieder zurück findet. Oder einen lokalen Wanderführer anheuern, dann bleibt man auf der sicheren Seite.

nisationen, nirgendwo definiert, wie ›sanft‹ die Entwicklung sein dürfe. Sie fürchten die Zerstörung der Natur durch Hotels und zu hohes Urlauberaufkommen.

INFOS/ÖFFNUNGSZEITEN

Bäder der Aphrodite **2**: Durch einen kleinen botanischen Garten und über einen schattigen Pfad gelangen Sie zur Grotte (an der Küstenstraße von Latsí, ausgeschildert).

Umwelt-Informationen bei Terra Cypria (www.conservation.org.cy) GPS-genaue **Wanderkarte** im Maßstab 1:25.000 mit Routen und Infos zur touristischen Infrastruktur (kartographos, ISBN 978-3-00-051397-8)

Auf **www.visitcyprus.com** finden Sie unter dem Stichwort ›Natur‹ Beschreibungen und Karten von Wanderwegen.

KULINARISCHES FÜR ZWISCHENDRIN

Yiangos & Peter Fisch-Taverne **1**: Ich mag diese Taverne am Hafen von **Latsí** wegen der kreativen Fischgerichte und der unmittelbaren Nähe zum Strand. (Akámanthos Ave., Taverne des Latchi-Hotels, www.latchihotel.com, T 26 32 14 11, tgl. 8.30–22 Uhr, Fischgericht ca. 15 €).

WELLNESS IM ÖKODORF

Morgens Yoga, mittags Vegetarisches vom indischen Koch, nachmittags Meditation. Das **Zening-Resort** **1** setzt auf Bio und Umweltschutz. Der öffentliche Strand ist 300 m entfernt (Akámanthos Ave., Latsí, T 26 33 27 77, www.zening.eu, B&B 80–100 €/Pers.).

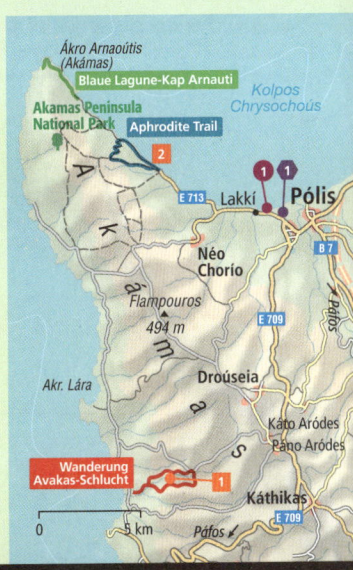

11

K
KULT

Páfos war berühmt wegen der **Aphrodisien,** der Festlichkeiten zu Ehren der Aphrodite. Tausende Pilger reisten für das Fest im April an. Im Tempel wohnten sie den heiligen Handlungen bei und in der Hafenstadt vergnügten sie sich. Der Göttin wurden Tauben und Blumen dargebracht, aber auch der eigene Leib. Denn der Liebesakt galt als göttliche Hingabe. Theaterstücke und musikalische Aufführungen gehörten ebenso zum Repertoire des Festes wie deftige Gelage.

Lesestoff: Christiane Sternberg und David Selwood, »Aphrodite – Die nackte Wahrheit«, eine erotische Graphic Novel über die Aphrodisien (CIPS, ISBN 978-9963-2163-6-9)

Göttin von Kypros –
auf den Spuren der Aphrodite

In der Antike galt die Insel Kypros als natürlicher Tempel der Aphrodite. Noch heute erinnern Ruinen, Steine und Quellen an ihre Allgegenwärtigkeit. Im Haupttheiligtum in Páfos häuften sich unermessliche Schätze, gespendet von Pilgern und Verehrern aus aller Herren Länder. Das Orakel hier war so legendär wie jenes von Delphi. Bis ins 4. Jh. n. Chr. hinein bescherte der Aphrodite-Kult der antiken Stadt Páfos Ruhm und Reichtum.

Aphrodite, die ›Schaumgeborene‹, kam in Zypern auf die Welt. Bekannt wurde die Legende durch die Schriften Hesiods und Homers: Kronos, der Anführer der Titanen, sollte seinen tyrannischen Vater Uranos entmannen. Mit einer Sichel schlug er ihm das Gemächt ab und warf es ins Meer. Das Wasser begann zu brodeln, Schaum wallte auf, und diesem entstieg die Göttin. Sie setzte ihren Fuß ans Ufer von Kypros (Zypern). Vielleicht tatsächlich an jener Stelle, wo der ›Felsen der Aphrodite‹, **Petra tou Romioú** (◰ C 9) aus dem Meer ragt?

Heiligtümer allerorts …

Über die ganze Insel verstreut finden sich heute noch Orte, die mit der ›Schaumgeborenen‹ in Verbindung stehen: **Amathoús** (◰ F 9), **Kítion** (◰ J 7, ▶ S. 35), **Tamassós** (◰ G 6, ▶ S. 30) in dessen Gärten die Äpfel der Aphrodite reiften, **Idálion** (◰ H 6) mit einem Hain und Tempel, **Salamis** (◰ L 5, ▶ S. 84), wo Feste zu ihren Ehren mit musischen Wettkämpfe stattfanden, **Karpasía** (◰ O 2, ▶ S. 98), wo sich der Tempel der Aphrodite Akraía befand, **Sóli** (◰ D 5), wo sie verehrt wurde, oder **Akámas** (◰ A 6), was ihr den Beinamen Akamantis einbrachte. Die ›Bäder der Aphrodite‹ (▶ S. 83) dort sind eine Quelle, an der sie sich mit ihrem Geliebten Adonis vergnügte.

... und die Nr. 1

Der Haupttempel der Aphrodite erhob sich in Alt-Páfos, dem heutigen **Koúklia** (📖 B 9). Das angebetete Idol war kein Standbild, sondern ein Kegel aus schwarzem Stein, der im örtlichen Museum zu sehen ist. Man sagt, zwei Quellen flossen am Tempel – eine süße, die sich aus der Lust der Liebenden, und eine bittere, die sich aus der Qual der Verschmähten speiste. An der Ausgrabungsstätte sind die Reste zweier Heiligtümer zu sehen: der erste Schrein der Aphrodite aus der Bronzezeit, markiert von Monolithen, wo einst die Kulthandlungen vorgenommen wurden, und der römische Tempel aus dem 1./2. Jh.

Antikes Multitasking: Aphrodite war nicht nur die Göttin der Liebe und Schönheit. Sie war auch die Schutzheilige der Gebärenden und Eheleute, Meeresbeherrscherin, die Winde einschläfern konnte und den Seeleuten eine glückliche Fahrt sicherte, sie war Hafengöttin und befehligte den Regen. Sie machte die Erde und alles Leben auf ihr fruchtbar.

INFOS/ÖFFNUNGSZEITEN

Tempel der Aphrodite: Koúklia (📖 B 9), Ausgrabungsstätte und Museum, T 26 43 21 55, tgl. 8.30–19.30, Winter 8.30–17 Uhr, 4,50 €
Kulturroute der Aphrodite: Eine sehr gute Broschüre der Tourismus-Organisation mit allen Orten, Museen und Pflanzen, die mit der Göttin in Verbindung stehen erhalten Sie auch online unter www.visitcyprus.com

---

KULINARISCHES FÜR ZWISCHENDRIN

Das **Petra tou Romiou** ist das einzige Restaurant in der Umgebung, deshalb oft überlaufen und etwas überteuert, aber die Aussicht aus den Panoramafenstern und von der Terrasse auf den Felsen der Aphrodite ist spektakulär (Abfahrt 500 m östlich des Felsens, T 26 99 90 05, tgl. ab 9 Uhr).
Efraim Taverne: Zyprische Spezialitäten schlemmen auf dem Dorfplatz von Koúklia. Maria, die Inhaberin, kümmert sich liebevoll um ihre Gäste: Das fühlt sich an wie bei Mama (T 26 43 20 82, www.efraimtavern.com, tgl. 11–24 Uhr, Mezé für 2 Pers. 18 €).

Faltplan: Die Orte sind über die ganze Insel verteilt, Koordinaten im Text.

Pólis 🗺 B 6

In den 1980er-Jahren war Pólis so etwas wie eine verspätete Hippie-Hochburg deutscher Sonnenanbeter mit schmalem Geldbeutel, die auf dem Campingplatz Urlaub machten. Ansprüche und Angebote haben sich seither zwar gewandelt, aber nach wie vor machen hier Reisende Station, die auf der Suche nach der unberührten Natur in der reizvollen Umgebung des Städtchens.

WAS TUN IN PÓLIS?

Die einen nennen das Stadtzentrum von Pólis gemütlich, die anderen überfüllt. Aber auch wenn mittlerweile Tavernen, Pubs und Souvenirläden die kleine Fußgängerzone im Ort fast unter sich begraben, fühlen sich die Gäste so wohl wie in einem überladenen Wohnzimmer. Hier existiert so etwas wie eine ›Pólis-Familie‹. Von Einheimischen und langjährigen Kennern werden Neulinge bereitwillig in lohnende Ausflugsziele eingeweiht. Die Sehenswürdigkeiten im Zentrum selbst sind schnell aufgezählt: drei **Kirchen** (Agía Kyriakí, Ágios Andrónikos und Ágios Nikoláos), der **Steinbogen** einer längst zerfallenen Karawanserei und die ehemalige **Markthalle,** von der nur noch das Café übrig geblieben ist.

Oh, Marion!
Archäologisches Museum
Als Königreich Marion (später Arsinóe) hatte Pólis in der Antike Rang und guten Ruf, heute heißt die Ausgrabungsstätte im Ort noch so. Wegen des freimütigen Umgangs früherer Archäologen mit historischen Schätzen fremder Länder, finden sich die kostbarsten Stücke aus Pólis heute im Louvre und im Britischen Museum. Aber in dem gepflegten

Die Kutter sind nur noch Deko, im Hafen von Latsí dominieren Ausflugsboote.

Archäologischen Museum sind noch genügend beeindruckende Artefakte zu bewundern.

Archbishop Makaríou III-Allee, Mo–Fr 8–16, Sa 9–15 Uhr, 2,50 €

Wilde Schönheit
Chrysochoú-Bucht

Vom ›Tor zum Akámas‹, wie Pólis auch genannt wird, muss man nicht lange reisen, um die wilde Schönheit der urwüchsigen Halbinsel zu erleben. Wandern, Tauchen, Baden, Segeln, Steine sammeln, Vögel gucken – das Gebiet um die Bucht von Chrysochoú ist ein Eldorado für Aktivurlauber. Fisch-Gourmets und Bootsfreunde zieht es in den Hafen von **Latsí** (Lakki). Mit Regionalbussen kommen Sie mit einem Tagesticket für 5 € bis nach Pomós. Kleine Highlights in benachbarten Orten sind auch mit dem Fahrrad zu erreichen: etwa das Kafeneíon unter der 150-jährigen Eiche in **Prodrómi** oder das Dorfmuseum in **Stení** (tgl. 10–16 Uhr).

In den 1980er-Jahren wurde Pólis auch ›Klein-Berlin‹ genannt. Das Kreuzberger Reiseunternehmen Prima-Klima sorgte seinerzeit dafür, dass man für nur 440 Mark mit der ostdeutschen Fluggesellschaft Interflug nach Zypern kommen konnte. Vor allem Single-Frauen lockte es in das verschlafene Fischernest, denn die hiesigen Männer hatten einen Ruf als charmante Lover.
Es gibt ein legendäres Zeugnis solcher Flirt-Reisen: Der halbdokumentarische Film **Lias Traum vom Glück** (1988) erzählt von der Urlaubsliebe einer Berlinerin in Pólis und zeichnet ein Bild des Ortes in seinem damals noch vortouristischen Zustand.

SCHLEMMEN, SHOPPEN, SCHLAFEN

🏠 Umweltfreundlich
Natura Beach Hotel

Die Früchte für den O-Saft werden im Garten gepflückt, auch das Olivenöl stammt aus eigenem Anbau. Am hauseigenen Strand legen sogar Meeresschildkröten ihre Eier, ein Zeichen für den sanften Umgang des Hauses mit der Umwelt.

Christodoúlou Papanikopoúlou-Str., T 26 32 31 11, www.natura.com.cy, Ü/F ab 70 €

🍴 Göttliche Kuchen
Tina's Art Café

Das Gartenrestaurant ist eine wohltuende Oase, nur wenige Schritte von der lebhaften Fußgängerzone entfernt. Tina ist supernett und verwöhnt ihre Gäste mit hausgemachten Snacks, Kuchen und – einer deutschsprachigen Urlaubsbibliothek.

Georgiou-Str. 1, gegenüber dem Rathaus-Park, T 99 55 51 93, Mo–Sa 10–18 Uhr, jeden 1. Mo im Monat geschl.

🔴 Kräuter auf dem Teller
Herb Garden und Restaurant
Hier duftet es nicht nur betörend, das
Essen schmeckt auch nach den frischen
Kräutern, die im angrenzenden Garten
wachsen. Vor allem die Suppen sind
eine Entdeckung.
Archbishop Makaríou III-Allee 24, T 99 58 63
54, www.polisherbgarden.com, tgl. 10–24 Uhr,
Hauptgerichte ab 11 €

🔵 Wanderungen/Touren
▶ S. 82

🔵 Mietfahrräder
Radtouren im bergigen Gelände um
die Bucht von Chrysochoú sind eine
reizvolle Herausforderung. Räder-Stati-
onen findet man in Pólis, in Latsí und in
den Hotels.

*Konzertnacht
im Samara-Tal*

🔵 Wassersport
Am Hafen von **Latsí** warten Dutzende
von Angeboten auf Sie, sich auf und
im Wasser zu vergnügen. Rundfahrten,
Charterboote, Tauchkurse, Wasserski,
Windsurfen – einmal den Kai hoch
und runter geschlendert, und schon
hat man einen guten Überblick über
die Preise.

INFOS

Tourist-Information: Pólis, Vasileous
Stasioikou A-Str. 2, T 26 32 24 68,
in der 1. Woche des Monats Mo–Fr
9–15.30, Sa 9–14 Uhr, sonst nur Mo–Fr
8.30–16 Uhr

TERMINE

Jahrmarkt: Juli, vor der Apostolos-
Andreas-Kirche. Volkstanz, Musik, tra-
ditionelle Süßigkeiten *(Loukoumádes)*
Musik unter den Sternen: Juli/Aug.,
Ágios-Nikolaos-Platz. Regelmäßige
Musik und Tanzvorführungen

AUSFLÜGE VON PÓLIS

Immer an der Küste lang
Pomos und Káto Pyrgos
Immer die Küstenstraße entlang geht
es in bergiges Gelände mit herrlichen
Ausblicken aufs Meer. Der Ort **Pomós**
(🗺 B 5) ist ein touristisch ungeschliffe-
ner Diamant. Der kleine Strand und der
Mini-Hafen sind nicht überlaufen, die
wenigen Restaurants und Cafés noch
nicht überfüllt. Aber es gibt Ferienhäuser zu mieten, die spätestens im August
zum jährlichen **Jazz-Festival** heiß
begehrt sind (www.paradisejazzfestival.
com).
Geschuldet ist Pomós' Abgeschiedenheit seiner Lage am westlichen Zipfel
der Insel, wo die Republik Zypern
ein paar Kilometer weiter in **Káto
Pyrgos** (🗺 C 5) endet. Dieser Ort ist
ebenfalls eine Entdeckung. Die Ruine
einer mittelalterlichen Befestigung
dient als Aussichtspunkt, um das Dorf
herum liegen die **Werkstätten der
Köhler,** die ganz Zypern mit Holzkohle
beliefern, und direkt am Meer ist die
unkonventionelle Strandbar **Grape
by the Sea** der angesagte Platz für
Zivilisationsflüchtige (Káto Pyrgos,
T 96 29 29 59, tgl. 10 Uhr bis spät,
Snack ab 5 €). Am Dorfausgang
gelangt man über den **Checkpoint** in
den türkisch-zyprischen Norden.

Wohlsein!
Páno Akourdáleia und Milioú
Der **Kräutergarten** in **Páno
Akourdáleia** (🗺 B 7) ist der Grund-
stock für die Naturapotheke von Ca-
roline, in der es Tee, Öle und Tinkturen
für Gesundheit und Schönheit gibt.

Die Kirche Agios Nikoláos hält die Stellung zwischen Pubs und Souvenirshops.

An jedem ersten Sonntag im Monat öffnet sich der Kräutergarten ›Heaven on Earth‹ für einen **Grünen Markt,** wo alles verkauft wird, was lokal, natürlich und selbstgemacht ist (Kräutergarten, www.heavenonearthherbals.com, Di–So 10–17 Uhr, Winter Mi–So 9–16 Uhr; Grüner Markt am 1. So im Monat 10–14 Uhr).

Wem die Umgebung gefällt, hält es hier leicht noch länger aus. Bei Spaziergängen auf dem **Anerádes-Naturpfad** etwa, der sich an Bächen entlang durch üppige Vegetation schlängelt. Und definitiv im **Ayii Anargyri Spa Resort** in **Milioú** (🗺 B 7), das für ein Wellness-Wochenende im Grünen wie geschaffen ist. Das Gelände mutet wie ein Kloster an und liegt in einem einsamen Tal. Hier sprudelt die einzige **Schwefelquelle** Zyperns (www.aaspa resort.com, ab 120 € inkl. Frühstück, Abendessen und ein Spa-Angebot).

Reiten und Jurten
Samara-Tal

Ausritte in der dünn besiedelten Berglandschaft um das Samará-Tal sind selbst für Anfänger ein Vergnügen. Hinter **Lysos** (🗺 B 6) liegt die kleine ›Ranch‹ von **Ride in Cyprus,** auf der sechs geduldige Pferde auch ungelenkige Großstädter als Reiter halbwegs passabel aussehen lassen (www.rideincyprus.com, 1 Std. 40 €, Tagesritt 150 €).

Bei **Símou** (🗺 B 7) stehen Jurten für einen naturnahen Urlaub mitten in der Landschaft. Regelmäßig finden auf dem kleinen Anwesen auch Konzerte statt. Bringen Sie Kissen, Decken und Picknick mit, lassen Sie sich auf den natürlich angelegten Terrassen nieder, lauschen Sie der Musik und schmelzen Sie beim Anblick von Sonnenuntergang und Sternenhimmel über dem Samará-Tal einfach dahin (www.yurtsincyprus.com, Ü/F mit WiFi ab 100 €).

 # 12

Liveshow der Natur –
Schildkröten und Vögel

Die Faszination von Naturschauspielen kennt jeder aus zahlreichen Dokumentarfilmen. Doch wenn Sie die Chance bekommen, die Flugmanöver von Vögeln selbst zu beobachten, wenn Sie in Zypern riesige Meeresschildkröten aus nächster Nähe zu sehen kriegen können, dann sollten Sie keinen Moment zögern. Langweilig wird Ihnen dabei ganz bestimmt nicht. ▼

Zypern liegt an einer der wichtigsten Reiserouten für Zugvögel im Mittelmeerraum. Über 200 Vogelarten statten der Insel regelmäßig einen Besuch ab. Sie lassen sich aber nicht einfach so bestaunen. Die attraktiven Flamingos am Salzsee von Lárnaka (► S. 42) sind zwar gut zu sehen, aber sie haben eine Fluchtdistanz von ca. 1 km. Kleinere Vögel kann ein ungeübtes Auge meist gar nicht erst entdecken. Daher werden regelmäßig Birdwatching-Touren angeboten. Wenn Sie auf eigene Faust auf Entdeckungstour gehen möchten, ist ein Fernglas ein nützlicher Gefährte.

Millionen Vögel verenden in Zypern jedes Jahr in Netzen und auf Leimruten. Der illegale Verkauf gefangener Tiere an Restaurants, wo diese als ›traditionelle Delikatesse‹ *Ambelopoúlia* angeboten werden, ist ein lukratives Geschäft. Der Verein BirdLife Cyprus versucht, möglichst viele der Fangeinrichtungen zu zerstören und mit Aufklärung gegen den Verzehr von Vögeln vorzugehen.

Seltene Gäste auf Landbesuch

Zypern ist eins der wenigen mediterranen Länder, die noch von Meeresschildkröten besucht werden. Nachts schleppen sich die gepanzerten Geschöpfe ans Ufer, um dort ihre Nester zu graben. Sie sind bis 1,40 m groß und wiegen um die 200 kg. Unechte Karettschildkröten (*Caretta caretta*) und die noch selteneren Grünen Meeresschildkröten (*Chelonia mydas*) verstecken dann ihre Eier im heißen Sand und überlassen

BRUTORT

Die Meeresschildkröten suchen sich den Strand für ihre Nester nicht selbst aus. Die Natur hat sie dazu bestimmt, an ihren Geburtsort zurückzukehren, damit dort wiederum ihre Nachkommen schlüpfen. Zielsicher, vom Magnetfeld der Erde geleitet, finden sie die Umgebung wieder, in der sie selbst einst das Licht der Welt erblickten.

Nach 6–8 Wochen schlüpfen die Jungen aus den Eiern. Um sich aus dem Sand zu graben, gehen sie mit vereinten Kräften vor. Doch der Weg ins Meer ist gefährlich. Die kleinen Körper mit dem noch weichen Panzer sind ein wahrer Leckerbissen für viele größere Tiere. Man schätzt, dass es nur eine von 1000 geschlüpften Schildkröten bis zur Geschlechtsreife schafft.

der Sonne das Brüten. Wenn die Nachkommen schlüpfen, müssen sie ganz allein ihren Weg ins Meer finden.

Im westlichen Mittelmeer gibt es wegen der massiven Bebauung so gut wie keine Schildkrötenstrände mehr. Um den Fortbestand der Meeresschildkröten an Zyperns Küsten zu sichern, wurden spezielle Schutzzonen eingerichtet. Hier dürfen keine Sonnenschirme in den Sand gerammt werden, Campen und Lagerfeuer sind verboten, manchmal ist sogar das nächtliche Betreten untersagt. Die Schutzprojekte informieren darüber, wo und wann man beobachten kann, wie die Muttertiere ihre Eier legen oder wie die Kleinen ins Meer krabbeln.

INFOS/ÖFFNUNGSZEITEN
Beobachtungs-Kalender: Dez.–Febr. Flamingos am Lárnaka-Salzsee, Okt.–Mai Birdwatching-Touren, Juni/Juli Eiablage der Meeresschildkröten, Juli–Sept. Schlüpfen der Schildkröten
Birdwatching: BirdLife Cyprus, www.birdlifecyprus.org (Kalender unter »Events – Field Meetings«); Kuşkor (Nordzypern), www.kuskor.org; Websites und Führungen auf Englisch
Turtlewatching: Lara Beach (Akámas), Turtle Conservation Project mit Strandhütte vor Ort; Alakati (bei Keryneia),

www.cyprusturtles.org. Nachttouren zur Beobachtung beim Eierlegen und öffentliche Entlassung der Baby-Turtles.

KULINARISCHES FÜR ZWISCHENDRIN
Naturbelassen wie der gleichnamige Strand und direkt mit diesem verbunden ist das einfache **Restaurant Lara.** Wer über die Buckelpiste hierher findet, bekommt Ruhe und spektakuläre Sonnenuntergänge (T 99 80 90 52, tgl. 11–22 Uhr, Fish & Chips ab 6 €).

Faltplan: A7 und H 4

Nordzypern

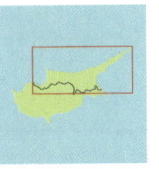

Bei flüchtiger Betrachtung ist der Norden Zyperns nur ein reizendes Fleckchen Erde, gekrönt von Bergen, gesäumt vom Meer. Aber hier erleben Sie einen kulturellen Cocktail, der seinesgleichen sucht: Orientalische Geschäftigkeit trifft europäischen Rhythmus. Die knapp 200 000 türkischen Zyprer im besetzten Teil der Insel folgen nicht strengen muslimischen Regeln, fühlen sich ganz als Europäer, sind aber trotzdem stolz auf die osmanische Vergangenheit Zyperns. Nutzen Sie die einmalige Gelegenheit, in Gesprächen mit Menschen, die den Islam distanziert leben, ganz entspannt dieser fremden Kultur zu begegnen.

Keryneia ⌖ G 4

Alle nennen Keryneia (Girne) die schönste Stadt Zyperns. In ihrem historischen Kern lebt das mediterrane Flair ungehindert fort, das an vielen anderen Orten nur noch als Erinnerung und auf Postkarten existiert. Wer am alten Hafen sitzt, wo eine frische Brise die Hitze vertreibt, auf die Boote schaut und dem sanften Plätschern der Wellen lauscht, hat das Gefühl, der Tag ist vollkommen.

WAS TUN IN KERYNEIA?

Die Burganlage
Burg und Schiffsmuseum
Steigen Sie dem Wahrzeichen der Stadt gleich mal auf die Zinne. Oben von der Festung lässt sich der ganze Hafen mitsamt dem Pentadaktylos-Gebirge dahinter überblicken. Eine Verteidigungsanlage stand hier schon im 7. Jh., doch ihre jetzige Form gaben ihr die Venezianer im 16. Jh. In dem kleinen Café im Burghof können Sie die beeindruckende Befestigungsanlage bei einem kühlen Getränk auf sich wirken lassen. Das Schiffsmuseum zeigt die Originalplanken der ›Keryneia‹, die um 270 v.Chr. Olivenöl und Mandeln übers Mittelmeer transportierte, vor Zypern versank und 22 Jahrhunderte lang im Schlamm lag, bis sie geborgen wurde.
tgl. 8–19, Winter bis 15.30 Uhr, 12 TL

Volkskunde am Hafen
Carob Stores and Cyprus House Museum
Die venezianischen Speicherhäuser rund um den Hafen sind Zeitzeugen einer Periode des Reichtums. Im Volkskundemuseum sind landwirtschaftliche Geräte und die Einrichtung eines zyprischen Hauses aus dem 18. Jh. ausgestellt, es läuft ein Dokumentarfilm mit Originalaufnahmen aus dem Zypern der 1930er-Jahre.
Carob Stores and Cyprus House, Mo–Fr 8–15.30 Uhr, 7 TL

In der Altstadt
Auch Keryneia war einst von Mauern und Türmen umgeben, nach Erfindung des Schießpulvers verloren die Stadtmauern aber ihre Bedeutung und ihre Steine wurden zum Bau von Häusern genutzt. Ein Turm, der **Round Tower**, ist noch komplett erhalten und weithin sichtbar, darin hat ein kleiner Laden für Kunstgewerbe und Kunst sein Domizil gefunden (Mo–Sa 10–18, So 11–17 Uhr). Gleich gegenüber in der ehemaligen **Markthalle** (Bandabuliya) sind heute Restaurants, Cafés und Souvenirgeschäfte untergebracht. Ein bisschen versteckt in den alten Gassen, die man über eine Steintreppe von der Hafenpromenade aus erreicht, steht die kleine **Ağa-Cafa-Paşa-Moschee** mit den grünen Fenstern (16. Jh.), die noch immer in Betrieb ist. Die weiße **Kirche des Erzengels Michael** (19. Jh.) beherbergt ein Ikonenmuseum, wird aber derzeit restauriert.

Entertainment
In Keryneia und Umgebung gibt es das höchste Aufkommen an Hotels, Restaurants, Bars, Clubs und Casinos in ganz Nordzypern. Auf dem Platz rund um das Rathaus siedeln Pubs und Restaurants, in den Seitenstraßen vor allem Kebabläden. Für den Sundowner sollten Sie die **Rooftop-Bar des Colony Hotel** ausprobieren. Hier weht selbst im Sommer ein frisches Lüftchen und der Pool ist unter der Woche auch für Nichtgäste geöffnet. Für ein bisschen Stille ist ein Spaziergang an der Uferpromenade und auf der Mole immer gut. Dort ist man zwar auch nicht allein, aber Angler und Liebespärchen neigen nicht zum Lärmen.

SCHLEMMEN, SHOPPEN, SCHLAFEN

⌂ Herrschaftlich
Kyrenia Palace Boutique Hotel
Das romantische Hotel direkt in der Altstadt bewahrt das Ambiente der einstigen Privatresidenz im Kolonialstil. Teilweise ein wenig schwülstig, aber

Wer kann dieser Hafen-Idylle schon widerstehen?

mit Liebe zum Detail. Im dazugehörigen Gartenrestaurant dringt der Lärm der Stadt nicht durch.

Ağa-Cafa-Paşa-Sokak, T (+90392) 815 60 08, www.kyreniaboutiquehotel.com, DZ/F ab 100 €

🍴 Surrealistisch
Keryneia Tavern
Die kuriosesten Dinge hängen und stehen überall als Deko herum, man fühlt sich ein bisschen wie Alice im Wunderland. Das Essen von Mehmets Mutter ist ein Gedicht und der Service einfach super nett.

Turkmen Sokak 2, T (+90392) 99 58 63 54, tgl. 10–24 Uhr, Kleftiko 30 TL

🍴 Kunstreich
The House
Stilvoll speisen und trinken, dabei auch noch die wechselnden Ausstellungen zyprischer Künstler bewundern, das ist das Konzept dieses Bar-Restaurants. Das sorgfältig sanierte Gebäude vermittelt einen Eindruck, wie vor 100 Jahren in Zypern die Oberschicht gewohnt haben mag. Gut für Langschläfer: Frühstück wird bis 16 Uhr serviert.

Ecevit Caddesi (gegenüber vom Colony Hotel), T (+90392) 816 10 10, www.thegardenKeryneia.com, Hauptgericht ab 30 TL

🍴 Alternativ
Ego Bar
Die wohl coolste Bar in dieser Stadt, weder britische Trinkkultur noch fancy Club. Lauschige Gartenterrasse, das Publikum und der Service sind angenehm locker, Livemusik zwischen Soul, Jazz und Rock.

Merdivenli Sokak (direkt am Abstieg zum Alten Hafen), www.facebook.com/egobar, 16–2, Fr/Sa bis 3 Uhr, Cocktail ab 18 TL

🛍 Echte Fälschungen
Cyprus Bronze Age
Verkauf von Kopien bronzezeitlicher Keramik-Artefakte. Mit Zertifikat, dass es sich um eine Kopie handelt, um Unannehmlichkeiten beim Zoll zu vermeiden.

Shop in der Burg, www.cyprusbronzeage.com, 10–18, Winter bis 16 Uhr

🌀 Fischen und Fliegen
Highline Air Tours
Hier können Sie Ausfahrten zum Hochseefischen (www.fishingnorthcyprus.com, 60 €/Pers.) und Tandem-Paragliden (Start an der Burg St. Hilarion, www.highlineparagliding.com, ca. 90 €) buchen.

Am Alten Hafen Nr. 114, T (+90392) 855 56 72

🌀 Ausfahrten

Am Hafen bieten mehrere Veranstalter Bootstouren an. Ein Essen und Stopps zum Schwimmen und Angeln sind meist inbegriffen. Besonders charmant kümmert sich Käpt'n Musa (spricht Deutsch) auf der ›Aphrodite‹ um seine Gäste (www.kyreniaboattrips.com).

....

INFO'S & TERMINE

....

Tourist-Information: Am alten Hafen, T (+90392) 815 21 45, tgl. Sommer 8–19.30, Winter 9–17.30 Uhr
Internationales Bellapais Musik-festival: Mai/Juni, Abtei Bellapais, www.bellapaisfestival.com
Olivenfest: Okt., Templos (Zeytinlik)

....

AUSFLÜGE VON KERYNEIA

....

Märchenhaft
St. Hilarion

Zyperns besterhaltene mittelalterliche Burg ist St. Hilarion (🗺 G 4). Ihr Name geht zurück auf den Asketen und Einsiedler Hilarion von Gaza, der im 4. Jh. noch auf allen Vieren den Berg hinauf kriechen musste, um in einer Höhle auf dem Gipfel Schutz zu finden. Später entstand dort ein Kloster, im 11. Jh. machten die Byzantiner eine Festung daraus. Sicher auch dank des Umbaus im 13. Jh. zur königlichen Sommerresidenz vermittelt die Burg heute den Eindruck eines Märchenschlosses. Von dem schmalen Balkon, der vom Saal in der Unterburg abgeht, haben Sie den besten **Blick über Keryneia.** Der Weg hoch zu St. Hilarion führt an einem türkischen Militärobjekt vorbei. Aus diesem Grund ist die Zufahrt nur zu den Öffnungszeiten der Burg gestattet.
tgl. 8–18.30, Winter bis 15.30 Uhr, 9 TL

Friedlich
Bellapais

Gestiftet wurde die ›Abtei des Friedens‹ (Abbaye de la Paix, 🗺 G 4) im 12. Jh., um Augustinern und Prämonstratensern ein Zuhause zu geben. Sein heutiges Aussehen mit den gotischen Bögen bekam der Komplex im 13./14. Jh. Die **Klosterkirche** mit ihren Fresken aus dem 15. Jh. war einst der ›Maria vom weißen Gewande‹ geweiht (tgl. 8–19, Winter bis 15.30 Uhr, 10 TL) Im Refektorium und im Kreuzgang mit seinen majestätischen Zypressen finden regelmäßig Konzerte statt. Das Hotel-Restaurant **Bellapais Gardens** zu Füßen der Abtei ist ein für Nordzypern einmaliges gastronomisches Highlight. Die gemütliche Eleganz, die Slow-Food-Küche, der Charme des Personals und das sommerliche Open-Air-Dining mit Blick auf die illuminierte Klosterruine sind fast schon eine Performance (www.bellapaisgardens.com).

Puppenstube
Kármi

Etwas versteckt in den Hügeln liegt ein Refugium für Engländer und Deutsche. Über Jahrzehnte restaurierten sie in liebevoller Kleinarbeit jedes architektonische Detail im typisch ländlichen Stil. Selbst das Kopfsteinpflaster in den engen Gassen und die Quelle in der Dorfmitte blieben erhalten. Kármi (Kara-

Konzerte in Bellapais sind echt göttlich!

Der wohl **berühmteste Baum** der Insel stand einst in Bellapais – der ›Baum des Müßiggangs‹. Lawrence Durrell beschrieb in seinem Buch »Bittere Limonen« dessen angenehme Wirkung. Wer in seinem Schatten saß, ließ alle Sorgen hinter sich und bewegte sich nicht mehr, oder nur unter Protest. Der alte Maulbeerbaum steht nicht mehr, aber die Cafés in dem Bergdorf rühmen sich allesamt, nämlichen Platz zu sein, an dem man sich in den Zustand der Trägheit fallen lassen kann.

man, 🕮 G 4) verströmt die Aura einer Puppenstube, bietet aber auch einen bemerkenswerten **Blick auf die Burg St. Hilarion** und zauberhafte Sonnenuntergänge. Sonst gibt es eine Dorfkirche, eine kleine Galerie, zwei Restaurants, einen Dorfladen und einen bronzezeitlichen Friedhof am Ortseingang.

Mámas Ruhe
Mórfou
Die besten Orangen kommen aus Mórfou (Güzelyurt, 🕮 E 5). Die verschlafene Bezirksstadt hat wenig mehr vorzuweisen als einen Ruf als fruchtbares Anbaugebiet für Zitrusfrüchte. Heraus sticht nur das **Kloster des Ágios Mámas** mit seiner holzgeschnitzten Ikonostase aus dem 16. Jh. Der leere Sarkophag des Heiligen ruht unter einem gotischen Bogen an der Nordwand. Durch zwei Löcher im Sarkophag kann man ein Tuch mit einem heilsamen Öl benetzen, das gegen Augen- und Ohrenleiden helfen soll.
Kirche und Ikonenmuseum, tgl. 8–18, Winter bis 15.30 Uhr, 9 TL)

Alles nur Schwan?
Sóli
Die meisten kommen nach Sóli (🕮 D 5), um das **Mosaik mit dem Schwan** zu bewundern, für mich ist der Ausblick

von den obersten Rängen des **antiken Theaters** über die Küstenlinie das eigentliche Highlight der Ausgrabungsstätte. Um 600 v.Chr. wurde der antike Stadtstaat Sóloi gegründet, der mit der Herrschaft über die Kupfervorkommen einer der mächtigsten auf der Insel wurde. In mehreren Terrassen führte die Stadt einst bis zum Meer hinunter. Ihre damalige Herrlichkeit kann man allerdings nur noch erahnen.
2 km hinter Lefka (Lefke) tgl. 8–18 Uhr, Winter bis 15.30 Uhr, 9 TL

Exzentrisch und verrufen
Mavi Köşk
Nahe Myrtou (Çamlıbel, 🕮 F 4) befindet sich eine der verrücktesten Sehenswürdigkeiten Nordzyperns. Im Mavi Köşk, der ›Blauen Villa‹, veranstaltete der exzentrische Inhaber in den 1960/70er-Jahren angeblich verrufene Partys, wenn nicht gar Orgien. Byron Pavlides wurde damals beschuldigt, ein bedeutender Waffenschmuggler zu sein. Deshalb ranken sich wohl so viele Gerüchte um sein Anwesen, das man sich wie ein Museum anschauen kann.
Bei Myrtou, auf türkischem Militärgelände, Besucher müssen sich ausweisen, Di–So 10–16 Uhr, Eintritt frei

Möchten Sie einer untergegangenen Sprache lauschen? In **Kormakítis** (Koruçam, 🕮 E 4) leben Maroniten, die *Sanna* (offiziell *Cypriot Maronite Arabic*) sprechen. Es ähnelt dem Aramäischen, wie man es zu Zeiten Jesu sprach. Überlebt hat es in den maronitischen Enklaven 900 Jahre lang als Alltagssprache. Ein Alphabet wurde erst vor wenigen Jahren erarbeitet. Der Verein Xki fi Sanna (›Sprich in unserer Sprache‹) bemüht sich, das Kulturgut an die Jugend weiterzugeben.
www.kormacit.com

Schöne Strände, kleine Wunder – **die Karpasía-Halbinsel**

 # 13

Angesichts steinerner Zeugen der Menschheitsgeschichte, grasender Schafherden, weidender Esel und gemächlicher Dorfbewohner gleitet Ihnen der Stress von den Schultern. Karpasía ist eine Oase für zivilisationsmüde Städter.

Hinfahrt: Nordroute

Wenn Sie in Keryneia starten, führt Ihre Tour über die nördliche Küstenstraße. Erster Stopp ist die **Schildkrötenschutzstation** **1** in **Alakati**. Die Studenten, die hier im Sommer arbeiten, geben Auskunft und nehmen Sie auch mit zu den Nestern. Die **Incirli-Höhle** **2** in **Platáni** (Çınarlı) führt 70 m in den Felsen und besteht aus Gipsgestein (mit Beleuchtung). Von der **Burg Kantára** **3** aus haben Sie gleichzeitig die Nord- und Südküste der Halbinsel im Blick. Direkt an der Küstenstraße liegt die Kirche **Ágios Thyrsos** **4** und unterhalb am Meer eine Felsenkapelle mit einer wundertätigen Quelle, die Frauen ihren Kinderwunsch erfüllen soll.

Hinter **Rizokárpaso** (Dipkarpaz) beginnen zahllose Strände mit weichem Sand, der schönste ist **Golden Sands.** Ins **Kloster Apostolos Andréas** **5** (19. Jh.) kommt man, um dem Schutzheiligen der Reisenden und Kranken zu huldigen und sich von der wundertätigen Quelle Wasser abzufüllen.

Entlang der Landstraße, die sich durch die letzten Kilometer der Karpasía-Halbinsel schlängelt, grasen in aller Ruhe wild lebende Esel. Sie nehmen es gelassen hin, von Touristen fotografiert zu werden.

Rückfahrt: Südroute

Das kleine **ethnografische Museum** mit antikem Hausrat und Arbeitsgerät von Kemal Deveci in **Galinóporni** (Kaleburnu) **6** ist äußerst unterhaltsam. Beim Spaziergang um **Kóma tou Gialoú** (Kumyalı) gibt es eine **Grabhöhle** **7** (475 v. Chr.) zu entdecken und eine **Lagune** **8**, die in die weißen Dünen eines Strandes mündet. Im Ökodorf **Kómi Kepír** **9** (Büyükkonuk) ist Zuschauen und Mitmachen bei vielen dörflichen Aktivitäten wie Korbflechten, Brot im Steinofen backen oder Käseherstellung möglich. Einen Eindruck vom traditionellen Dorfleben vermittelt das **Melandra-Haus** 10. Der Besitzer hat sein ehemaliges Elternhaus originalgetreu nachgebaut und ausgestattet.

INFOS/ÖFFNUNGSZEITEN

Schildkröten 1 : Alakati, Turtle Project, www.cyprusturtles.org, Juni–Sept. öffentliche Aktivitäten: Nachtbeobachtungen (ca. 12 €), Nestkontrollen, Freilassen der Jungtiere

Incirli-Höhle 2 : Platani (Çınarlı), im Dorf nach dem Mukhtar fragen, der die Höhle aufschließt, 3 TL

Burg Kantára 3 : Kantara, tgl. 8–17, Winter bis 15.30 Uhr, 7 TL

Ethnografisches Museum 6 : Galinóporni (Kaleburnu), zum Aufschließen Kemal Deveci anrufen, T (+90542) 889 43 09

Kómi Kepir 9 : Büyükkonuk, www. ecotourismcyprus.com, zur Teilnahme an dörflichen Aktivitäten Reservierung erforderlich, T (+90392) 383 20 38, 5–22 €

Ökofestival: Mai/Okt., Büyükkonuk

Melandra-Haus 10 : an der Straße Famagusta–Trikomo (İskele), www.melandrahouse.com, tgl. 9–17 Uhr, Eintritt frei, Wochenende typisch zyprisches Frühstück

Tulpenfest: März, Ágios Symeon (Avtepe). Feier zur Blütezeit der Tulipa Cypria, die ringsum auf den Wiesen wächst.

KULINARISCHES FÜR ZWISCHENDRIN

Einen romantischen Sonnenuntergang gibt es im Restaurant **Oasis** 1 zum Dinner gratis dazu. Die Terrasse über dem Meer, gleich neben der Kirchenruine Ágios Philon, ist in Karpasía die beste Gastro-Adresse (Rizokárpaso/ Dipkarpaz, www.oasishotelkarpas.com, DZ/F ab 40 €).

LEBENDIGES BRAUCHTUM

Auf eine kleine Zeitreise nimmt Sie das **Nitovikla Garden Hotel** 1 mit. Die bäuerliche Einrichtung, die Trachten der Bedienung, die Zubereitung der Speisen, die Begrüßungszeremonien – all das erinnert an das Leben von früher (Kóma tou Gialoú/Kumyalı, www.nitovikla.com, Facebook: NitoviklaGardenHotel, DZ/F ab 85 €).

14

So alt wie ein Baum – **Olivenöl in Zypern**

Olivenbäume sind ehrwürdige Gewächse. Seit dem Altertum bieten sie den Menschen Nahrung und Spiritualität. Lange vor dem Hype um die Mittelmeerdiät wussten die Zyprer, dass Olivenöl gesund ist. Als Snack bevorzugen die Zyprer grüne Oliven, eingelegt in eine spezielle Marinade.

Dieser Baum ist ein Allround-Genie. Seine Früchte kann man essen und aus ihnen ein Öl herstellen, das jede karge Mahlzeit reichhaltig aufwertet, das früher in Lampen brannte und für medizinische Einreibungen unentbehrlich war. Das Holz diente nicht nur zum Heizen, sondern auch als Grundlage für Zyperns bedeutende Kupferproduktion in der Bronzezeit. Bei religiösen Handlungen war Olivenöl immer von großer Bedeutung – ob früher für die heidnischen Götter oder später im Christentum. Manche Olivenbäume in Zypern sind uralt. Im historischen Olivenhain bei **Kalo Chorió** (Kalkanlı, ⌕ E 5) stehen Hunderte Bäume, von denen die ältesten zwischen 400 und 800 Jahre alt sind, der von **Anglisides** (⌕ H 8) zählt 700 Jahre.

Sitten und Bräuche

Ein altes Sprichwort in Zypern sagt: »Er kümmert sich um seine Frau wie um die Olive auf seinem Teller.« Viel Öl beim Essen zu verwenden, zeugte von **Reichtum und Großzügigkeit,** wer daran sparte, galt als geizig. Eine Tradition, die sich bis heute erhalten hat, ist der **Rauch gegen den bösen Blick** (▶ S. 104). Getrocknete Olivenblätter werden in einem kleinen Räucherbecken verbrannt, und das Gefäß wird durch die Räume getragen. In den traditionellen Stadtvierteln sieht man morgens noch Verkäufer mit dem rauchenden Kelch vor ihren Laden treten. Sie bieten den ersten Kunden an, sich ein wenig davon zuzufächeln, und gehen damit auch zu den Geschäftsleuten nebenan, damit kein Neid aufkommt, wenn der Handel floriert.

Dass Olivenbäume einen hohen Wert hatten, zeigt sich an dieser Kaufvereinbarung: Als erstes Auto fuhr 1926 ein Ford Model T durch Zypern. Der Besitzer hatte ihn eingetauscht gegen zwei Kamele – und drei Olivenbäume.

Die Früchte sind anfangs grün, dann färben sie sich rot und anschließend schwarz. Geerntet werden sie im Herbst. Um Oliven zu ernten, schlug man früher mit dem Stock gegen die Äste, heute gehen die Erntehelfer mit einem Rechen durch die Zweige und lesen die Oliven auf den unter den Bäumen ausgelegten Planen auf.

Gesund und schön

Nicht nur Olivenöl ist heilsam, sondern auch die Früchte. Obwohl die Zyprer auch schwarze, in Salz eingelegte Oliven essen, bevorzugen sie doch eine andere Art der Zubereitung. Für die *elies tsakkistes* (zerdrückte Oliven, türk. *cakistez*) werden die noch unreifen, grünen Früchte mit einem Stein zerstoßen und in Salzlake eingelegt. Serviert werden sie später mit Koriandersamen, Knoblauch, Olivenöl und Zitrone. Als Schönheitsmittel nutzen die Zyprerinnen das Olivenöl ebenfalls. Lässt man es nach dem Waschen einwirken, macht es die Haare weich und geschmeidig. Eingerieben wirkt es desinfizierend, wundheilend und beruhigend bei Hautreizungen. Kosmetika auf der Basis von Olivenöl sind in vielen Bioläden zu finden.

INFOS/ÖFFNUNGSZEITEN

Historischer Olivenhain: Kalo Chorio (Kalkanlı, Nord), 24/7, freier Zutritt
Bestes Olivenöl: Mitten in der Greenline bei Mórfou (Güzelyurt) produziert die **Atsas-Farm** bestes organisches Olivenöl (www.atsas.com.cy, Produkte erhältlich bei: Kantina delicatessen, Sophouli 48, Nikosia).
Olivenfest: Okt., Templos (Nord)
Tag des Olivenbaums: Okt., Anogyra (Süd), Oleastro-Park

KULINARISCHES FÜR ZWISCHENDRIN

Ein Ausflugslokal am Meer, und das ohne starken Andrang: Das **Caretta Beach Restaurant** (📖 E 4) an der Nordwestküste ist (noch) ein echter Geheimtipp mit familiärer Atmosphäre und Tischen direkt am Sandstrand (Agía Iríni/Akdeniz, T 0533 848 61 61, www.facebook.com/AkdenizCaretta/, Fischgerichte ab 25 TL).

Faltplan: Die Orte sind über die ganze Insel verteilt, Koordinaten im Text.

Famagusta 🗺 L 5/6

Wer Famagusta besucht, meint damit eigentlich die ummauerte Altstadt. In ihren kleinen Gassen lebt die mittelalterliche Geschichte weiter, die der Hafenstadt einst Ruhm brachte. Kirchenruinen und Mauerreste von Palästen dienen den vielen Souvenirläden und gastronomischen Angeboten als historische Kulisse. Aber gerade weil nichts wirklich saniert ist, vermittelt die Stadt einen authentischen Eindruck vergangener Zeiten.

···

WAS TUN IN FAMAGUSTA?

···

Bestens geschützt

8 m dicke Mauern umschließen die Altstadt von Famagusta. Die Verteidigungsanlage (16. Jh.) musste einer damals noch jungen Waffe, der Kanone,

Frischen Saft gibt's an jeder Ecke!

gewachsen sein. Auf 3 km sind 15 Bastionen verteilt und auf manche von ihnen darf man hinauf, um aus 15 m Höhe über die Stadt und auf den Hafen zu schauen.

Durch das **Landtor 1** (Akkule) führt eine schmale Straße in den historischen Stadtkern hinein. Der Name bedeutet ›weißer Turm‹, weil sich hier 1571 eine weiße Flagge schwenkend die Venezianer den Osmanen ergaben.

Das **Seetor 2** (Porta del Mare) öffnet sich zum Hafen. Die Innenseite des Tores bewacht die steinerne Figur eines Löwen. Eine Legende besagt, dass er eines Nachts sein Maul auftun werde. Und wer in diesem Moment den Mut habe seine Hand hineinzustecken, werde unendliches Glück erfahren. Die daneben liegende Festung können Sie auch von innen besichtigen. Sie wacht seit dem 14. Jh. über den Hafen und wird **Othello Tower 3** genannt, tatsächlich nach dem Drama von William Shakespeare, der sein Stück in Famagusta angesiedelt hat (tgl. 8–19, Winter bis 15.30 Uhr, 9 TL).

Eine Kirche für jeden Tag

Im Mittelalter war Famagusta unfassbar reich. Kreuzritter und Kaufleute trieben von hier aus Handel mit Persien, Indien und China. Angeblich soll Famagusta die **Stadt der 365 Kirchen** gewesen sein, jede Konfession wollte hier ihre Pfründe sichern. Vertreten waren neben Orthodoxen und Lateinern auch Armenier, Franziskaner, Karmeliter, Templer und Johanniter. Die Ruinen weniger übriggebliebener Gotteshäuser prägen noch heute das Stadtbild.

Weitgehend unversehrt ist lediglich der prachtvolle gotische Bau der **Nikolaus-Kathedrale 4**, das Wahrzeichen der Stadt. In dieser ließen sich noch bis 1372 die Lusignans zu Königen von Jerusalem krönen (obwohl die Kreuzfahrer das Heilige Land schon 1291 verloren hatten). Nach der Eroberung der Stadt durch die Osmanen wurde der Kirche ein Minarett aufgesetzt und diese umgewidmet zur

Lala-Mustafa-Pascha-Moschee (tgl. 8–19 Uhr, Eintritt frei).

Der zentrale Platz

Alle verwinkelten Gassen münden auf den Namik-Kemal-Platz, auf dem wie ein übermächtiger Wächter die Lala-Mustafa-Pascha-Moschee thront. Es ist der ideale Ort, um einen Treffpunkt auszumachen – hier kann man sich einfach nicht verfehlen. Außerdem sind es rundherum nur wenige Schritte zu Restaurants, Cafés und Bars. Kein Verkehr, nur schöne Aussichten in alle

FAMAGUSTA

Sehenswert
1 Landtor
2 Seetor
3 Othello Tower
4 Nikolaus-Kathedrale/ Lala-Mustafa-Pascha- Moschee

5 Markthalle (Banda- buliya)
6 Venezianischer Gouverneurspalast

In fremden Betten
1 Mystery Garden Guest House

Satt & glücklich
1 Petek Pastanesi
2 D&B Restaurant

Richtungen und jede Menge schattige Plätzchen. Angrenzend liegt die alte **Markthalle** `5` (Bandabuliya), heute ein Mix aus Shops und Pubs. Eine Zierde ist das Portal des venezianischen **Gouverneurspalastes** `6`, dessen übrig gebliebene Bögen und Säulen abends angeleuchtet werden.

SCHLEMMEN, SHOPPEN, SCHLAFEN

B&B in der Altstadt
Mystery Garden Guest House `1`
Das Mystery Garden bietet die bisher einmalige Gelegenheit, in einem Altstadthaus in der historischen City von Famagusta zu nächtigen. Sehr klein, aber hübsch – vor allem der winzige Garten. Fahrradverleih.
Naim Efendi Sokak 9, T (+90533) 857 44 55, Ü/F 160 €

Süßes türkisches Leben
Petek Pastanesi `1`
Seit über 40 Jahren ist diese Konditorei der beste Ort in Famagusta, um süße Kleinigkeiten zu schlemmen. Die Kuchen und Häppchen sind eine echte Verlockung.
Yesil Deniz Sokak 1, 9–20 Uhr, Kuchen ab 5 TL

Pizza, Pasta & Co
D&B Restaurant `2`
Direkt gegenüber der Kathedrale hält sich das D&B Restaurant mit gleichbleibendem Niveau an Freundlichkeit und guter Küche. Der touristische Platz kann dieser Qualität erstaunlicherweise nichts anhaben.
Namık Kemal Meydanı 14, tgl. 10–22 Uhr, große Pizza und Getränk 40 TL

INFOS & TERMINE

Tourist-Information: Akkule-Landtor, T (+90392) 366 28 64, tgl. 8–19.30, Winter 9–17.30 Uhr
Famagusta Cultural and Art Festival: Juni/Juli. Musik (Klassik bis Reggae) und Theater an historischen Plätzen, u.a. im antiken Theater von Salamis

AUSFLÜGE VON FAMAGUSTA

Magischer Ort
Salamis
Von der weißen Stadt (🗺 L 5) am Meer blieben Säulen, Statuen, Mosaiken, Fresken. Im 8. Jh. v. Chr. war Salamis ein wichtiges Handelszentrum gewesen, Erdbeben, Sturmfluten und Piratenüberfälle ließen seine Bedeutung schrumpfen. Größtes zusammenhängendes Ensemble, das noch zu sehen ist, sind das **Gymnasium** und die **Bäder.** Die mit Säulen gesäumte Fläche war einst ein Übungsplatz für die körperliche Ertüchtigung. An sie schlossen sich Schwimmbecken und Thermen an. Pikant ist ein gut erhaltenes Überbleibsel an einer versteckten Ecke der **Kolonnaden.** Auf der **öffentlichen Latrine** mit 44 Sitzplätzen saß man nebeneinander und machte Geschäfte. Außerdem sehenswert sind das Amphitheater, in dem noch heute Aufführungen stattfinden, die **Agora** (Marktplatz) und der **Zeus-Tempel.**
tgl. 8–19, Winter bis 15.30 Uhr, 10 TL

Ganz schön entspannt
Rizokárpaso
In dem letzten Dorf vor der großen Stille verläuft das Leben in entspannten Bahnen. Obwohl jeder auf seinem Weg an die Strände oder zum Kloster Aposto-

B
BLAUES AUGE

Gegen den ›bösen Blick‹ tragen viele Zyprer einen **Augenstein.** Dieses Amulett, das einem Auge ähnelt, ist ein traditioneller Talisman. Er hilft offensichtlich gegen alle Unwägbarkeiten des Lebens, denn er hängt oftmals nicht nur über der Haustür, sondern auch am Rückspiegel, im Hühnerstall oder über dem Bett. Am schmückendsten ist er sicher als Anhänger einer Halskette.

Außen Nikolaus-Kathedrale, innen Lala-Mustafa-Pascha-Moschee, auf gotischen Bögen ein osmanisches Minarett.

los Andréas hier durchfahren muss, liegt Rizokárpaso (Dipkarpaz, (🗺 O 2) im touristischen Dornröschenschlaf. Für die Wander- und Badegäste, die vor allem die unberührte Natur dieser Gegend schätzen, stehen im Dorf und an der Küste gen Osten mehrere Ferienhäuser und kleine Hotels zur Verfügung. Besonders hübsch ist die **Karpaz Arch House** genannte Herberge, die aus einem alten Gutshaus entstanden ist. Schon beim Spaziergang durch das Dorf wird deutlich, dass hier griechische und türkische Zyprer noch miteinander leben. Die **Kirche Ágios Synésios** im Zentrum stammt aus dem 12. Jh., die **Moschee** oberhalb der Hauptstraße aus dem Jahre 1992 und das pompöse Reiterdenkmal auf dem zentralen Platz von 2014.

S SPEZIAL-FESTE

In vielen Dörfern werden einmal jährlich die lokalen Spezialitäten gefeiert: so etwa in **Karpasía** im Mai das Artischockenfest in **Límnia** (Mormenekşe) und das Aprikosenfest in **Ágios Amvrósios** (Esentepe) oder im September das Johannisbrot-Fest in **Akanthoú** (Tatlısu) und das Käsefest in **Lefkónoiko** (Geçitkale). Zum Programm gehören Vorführungen zur Ernte und Verwertung, Essen, Trinken, Volksmusik und Trachtentänze. Die Termine erhalten Sie in den örtlichen Tourismusbüros.

#15

Geisterstadt mit Potenzial – **Sperrzone Varosha**

Seit 1974 hat kein Mensch seinen Fuß auf die Straßen von Varosha gesetzt. Häuser und Hotels stehen leer, in den verlassenen Wohnungen liegt der Staub auf den Möbeln. Das einstmals moderne Stadtviertel von Famagusta ist eine Geisterstadt. Aber es gibt hochfliegende Pläne, was aus diesem Symbol des Krieges werden soll.

Als 2003 die Übergänge zwischen Nord und Süd eröffnet wurden, konnten die meisten Zyprer nach fast 30 Jahren ihre zurückgelassenen Häuser wenigstens besuchen. Nur die Bewohner von Varosha nicht, denn ihr Besitz liegt im militärischen Sperrgebiet. Beim Einmarsch der Armee 1974 waren viele ohne Gepäck geflohen, weil sie glaubten, bald wieder zurückkehren zu können. Was ihnen bleibt, ist der Blick mit dem Fernglas auf ihr altes Zuhause.

In der Erinnerung ist Varosha ein Ferienparadies. Hunderte Hotels säumen den endlosen Sandstrand, Kinder spielen im seichten Wasser. Und in dem dahinter liegenden Stadtteil genießen griechische Zyprer das geschäftige Leben eines Touristenortes. All das existiert nur noch als Traum. 1974 besetzte die türkische Armee den Norden Zyperns. Einheimische und Feriengäste mussten fliehen. Das Gebiet wurde eingezäunt, die Bewohner durften nie zurückkehren.

Wie sieht es aus?

Seit mehr als 40 Jahren stehen Häuser und Hotels in Varosha nun schon leer, Staub bedeckt die Straßen und die Möbel in den leeren Wohnungen. Und doch aalen sich am vorderen Strandabschnitt noch Urlauber in der Sonne. Das **Arkin Palm Beach Hotel** 1 hält hier die (Monopol-)Stellung. Aber nach wenigen Hundert Metern endet die Idylle am Stacheldraht. Militärisches Sperrgebiet, betreten verboten. Dahinter folgen 7 km bebaute, aber menschenleere Ödnis.

Wie geht es weiter?

Auf dem Papier haben die zyprischen Stadtplaner schon längst alles für den Fall der Rückgabe vorbereitet. Sollte die Teilung der Insel endlich aufgehoben werden, würde es nach Schätzungen von Experten mindestens sieben Jahre dauern, bis alles wieder im Normalzustand wäre. Zuvor braucht es Aufräumarbeiten, Gutachten über den Zustand der Gebäude, Anschluss für

Wasser und Elektrik. Und dann erst können ehemalige Besitzer über die künftige Nutzung ihrer Hotels nachdenken.

... aber dann bitte auch Öko

Damit der dann zu befürchtende Bauboom nicht die Natur zerstört, wurde das **Famagusta Ecocity Project** ins Leben gerufen: Künstler, Architekten, Ingenieure, Historiker, Ökonomen und Umweltschützer plädieren dafür, hier eine Modellstadt zu errichten. Einen Ort, der wirtschaftliches Einkommen aus dem Tourismus mit ökologischer Nachhaltigkeit verbindet. Zyperngriechen und Zyperntürken könnten hier friedlich zusammenleben und die neue Stadt nach dem Prinzip der Permakultur aufbauen. Der Initiative schwebt die steingewordene Vision einer vernünftigen Gesellschaft vor, ein modernes Utopia. Die Aktivisten glauben an den Erfolg, denn sie sind der Überzeugung, dass Reisende in der heutigen Welt keine Bettenburgen mehr wollen, sondern sich ganz bewusst Ziele aussuchen, die in Einklang mit der Natur leben.

INFOS/ÖFFNUNGSZEITEN
Famagusta Ecocity Project:
www.ecocityproject.com
Arkin Palm Beach Hotel 🔳:
www.arkinpalmbeach.com
Kulturzentrum View Point 2:
Hier haben Sie Gelegenheit, mit bereitgestellten Ferngläsern die Geisterstadt Varosha von der Republik Zypern aus zu betrachten, erhalten aber auch Informationen über Flucht und Vertreibung. Deryneia, Evagorou-Str. 35, T 23 74 08 60, Mo–Fr 7.30–16.30, Sa 9.30–16.30 Uhr, Eintritt frei

---

KULINARISCHES FÜR ZWISCHENDRIN
Das beste Kleftiko in ganz Zypern gibt es angeblich in der **Costaris Taverne** ❶. Das ist nicht gerade leichte Kost, aber Sie sollten das zarte Lammfleisch wenigstens einmal gekostet haben

(Archbishop Makarios III Ave. 72, T 23 82 20 46, tgl. 12–16, 18–23 Uhr, Kleftiko 11 €)

Faltplan: L 6

Hin & weg

... mit dem Flugzeug
Zielflughäfen in Südzypern sind
Lárnaka und Páfos, im Norden Ercan
bei Nikosia. Die Flugzeit von Frankfurt
am Main bis Lárnaka beträgt etwa 3,5
Std. Flüge nach Ercan sind aus politischen Gründen mit einer Zwischen-
landung oder Umsteigen in der Türkei
verbunden.
Billig-Airlines wie Easyjet fliegen die
Insel auch an, doch Hin- und Rückflug
unter 150 € sind kaum zu bekommen.
Flughafen Lárnaka: 7 km westlich
des Stadtzentrums. Der Kapnos Airport
Shuttle verkehrt zwischen Lárnaka,
Nikosia und Páfos (www.kapnosairport
shuttle.com), der Limassol-Airport-Express zwischen Limassol und Lárnaka
(www.enlimassolairportexpress.eu).
Linienbusse fahren ins Zentrum von
Lárnaka, von dort weiter nach Agía
Napa und Protarás mit Linie 711 oder
dem Intercity-Bus Lárnaka–Famagusta/
Süd (www.cyprusbybus.com).
Flughafen Páfos: 15 km östlich des
Stadtzentrums. Mit dem Kapnos Airport
Shuttle nach Lárnaka und Nikosia
(www.kapnosairportshuttle.com), mit
Limassol-Airport-Express nach Limassol
(www.enlimassolairportexpress.eu), mit
den Bussen 612/613 zu den Strandho-
tels von Geroskipou, Páfos und Coral
Bay und in die Stadt (www.cyprusbybus.
com). Auch Taxis stehen bereit.
Flughafen Ercan: Busshuttle nach
Nikosia, Keryneia und Famagusta (www.
kibhas.org)
Mietwagen können Sie an allen
Flughäfen bekommen, **Taxis** stehen
ausreichend bereit.

... mit der Fähre
Zwischen Europa und Zypern existiert
kein Fährverkehr, nur zwischen Nordzypern und der Türkei: Famagusta–Mersin
(www.kibrisdeniz.net) und Kyrenia–Ta-
sucu (www.akgunlerbilet.com).

Ausweispapiere: Für Bürger der EU
und der Schweiz genügt in beiden Teilen
Zyperns bei Fluganreise ein gültiger
Personalausweis. Auch Kinder benötigen
ein Passdokument.
Haustiere: Für Hunde braucht man
den EU-Heimtierausweis. Hunde ohne
eingesetzten Mikrochip müssen mit
einer tierärztlichen Tätowierung am Ohr
gekennzeichnet sein.
Zollbestimmungen: Waren für
den persönlichen Gebrauch können
EU-Bürger zollfrei in die Republik
Zypern einführen (bis zu 800 Zigaretten,
90 l Wein, 10 l Schnaps). Für Schweizer
Bürger (und bei Duty-Free-Waren) gelten die alten Grenzen: 200 Zigaretten
und 1 l Spirituosen über 22 % Alkohol.
Im Verkehr zwischen beiden Teilen
Zyperns ist die Einfuhr von Waren für
den persönlichen Gebrauch bis zu einem
Wert von 260 € erlaubt, u.a. bis zu
40 Zigaretten und 1 l Spirituosen. Keine
lebenden Tiere oder Tierprodukte.

Checkpoints
An den Übergängen zwischen Süd und
Nord bzw. vice versa zeigen EU-Bürger
ihren Ausweis vor, Schweizer ihren Pass.
Die Personaldaten und das Datum werden an türkisch-zyprischen Checkpoints
für die ›Einreise‹ registriert und bei der
Rückkehr muss die ›Ausreise‹ vermerkt
werden. Die im Süden gemieteten Autos
brauchen eine Extra-Versicherung für
den Norden, ca. 20 €/3 Tage, 35 €/Mo-
nat, 5 € pro weiterem Fahrer. Fahrzeuge,
die im Norden gemietet werden, dürfen
in der Regel nicht im Süden fahren.

Währung in Südzypern ist der **Euro,** in
Nordzypern die **Türkische Lira** (TL). Der
Wechselkurs schwankt beträchtlich, in
Hotels und Geschäften größerer Städte

kann auch mit Euro bezahlt werden.
Geldautomaten gibt es ausreichend,
nur über die anfallenden Gebühren
sollten Sie sich besser im Vorfeld bei
Ihrer Bank informieren.

INFORMATIONSQUELLEN

Fremdenverkehrszentrale Zypern
D-60313 Frankfurt/Main, Schillerstr. 31,
T 069 25 19 19, info@cto-fra.de
D-10707 Berlin, Kurfürstendamm 182,
T 030 30 86 83 12, cto_berlin@
t-online.de
CH-8400 Winterthur, Rudolfstr. 1, T 044
62 33 03, ctozurich@bluewin.ch

Nordzypern Tourismuszentrum
D-10719 Berlin, Joachimstaler Str. 10–12,
T 030 88 92 94 84, www.nordzypern-
touristik.de

Tourist-Informationen auf Zypern
Büros der Cyprus Tourism Organisation
(s. u.) finden Sie in allen großen Städten,
in Touristenorten und an den Flughäfen
von Páfos und Lárnaka, am Hafen von
Limassol. Nordzypern unterhält Tourist-
Informationen in Nikosia, Keryneia/Girne,
Famagusta und am Flughafen Ercan.

Online
Touristische Infos: Cyprus Tourism
Organisation (CTO), www.visitcyprus.com
Politische Infos: Friedrich-Ebert-Stiftung
Zypern, www.fescyprus.org
Seelsorge und Gemeinschaft:
Ev. Kirche deutscher Sprache in Zypern,
www.ev-kirche-zypern.de
Deutsche in Zypern: Facebook-Gruppe
Zypern-Treffpunkt

KLIMA UND REISEZEIT

Zypern ist ein Ganzjahres-Reiseziel. Das
Meer ist zwischen Mai und November über 18 °C warm. Seine höchste
Temperatur erreicht es im September
mit 25 °C, seine niedrigste im Februar
mit 14 °C. Mit 11–13 Regentagen pro
Monat ist das Quartal zwischen De-

Nur keine Hektik!

zember und Februar am niederschlags-
reichsten. Zwischen Mai und September
regnet es maximal 1–2 Mal im Monat.
Tageshöchsttemperaturen liegen an
der See zwischen Juni und September
etwas über 30 °C, in Nikosia können sie
bis 37 °C, an einigen Tagen im Juli und
August sogar bis zu 45 °C im Schatten
ansteigen. Zwischen Dezember und
März ist es an der Küste 17–19 °C
warm, Nachtfröste sind auch im Tróodos
unter 1000 m Höhe selten. An der Küste
sinken die Nachttemperaturen selbst in
den Wintermonaten selten unter 8 °C.
Eine leichte Jacke oder ein leichter
Pullover sollten auch im Hochsommer
wegen kühler Winde am Abend nicht
im Reisegepäck fehlen. Zwischen
November und April gehört ein warmer
Winterpullover ins Reisegepäck.

NACHHALTIG REISEN

Wer in Zypern unabhängig unterwegs
sein will, ist auf ein Auto angewiesen.
Das Busnetz ist nicht ausreichend
ausgebaut, Fahrplanaushänge fehlen.
Aber die Städte und die ländlichen
Gebiete lassen sich gut mit Fahrrädern

erkunden. Dem Pauschaltourismus in den Küstenorten können Sie etwas entgegensetzen, indem Sie sich aufs Hinterland verlegen. Die geringen Entfernungen lassen es zu, dass Sie selbst aus den Bergen bis zum Strand nur eine halbe Stunde fahren. In den Dörfern dominieren nicht Hotelketten, sondern kleine Ferienanlagen und familiär geführte traditionelle Häuser. Diese Vermieter lassen sich von regionalen Anbietern mit Lebensmitteln versorgen. Die Dorftavernen sind wesentlich authentischer als die Restaurants in den Urlauberhochburgen – sowohl von der Einrichtung als auch vom Angebot. Die Initiative **Cyprus Sustainable Tourism Initiative** ist bemüht, die kleinen Dörfer im Hinterland zu beleben, um die Abwanderung der jungen Generation aufzuhalten. Das Interesse der Reisenden an der ländlichen Tradition und an Produkten aus biologischem Anbau kann helfen, das Alte wieder attraktiv zu machen und Einkünfte für junge Gründer in Landwirtschaft, Gastronomie oder Ökotourismus zu sichern. Wer helfen möchte, Zyperns Waldbestand zu vergrößern, kann über die Initiative ›**Green Cyprus**‹ Spenden leisten oder bei Aktionen selbst mit anpacken. www.csti-cyprus.org, www.green-cyprus.com

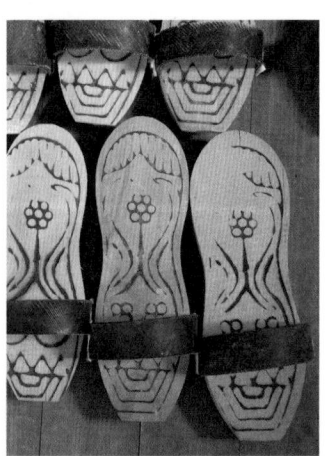

Badelatschen à la Hamam

Hinweise zum barrierefreien Reisen und Download der Broschüre »Accessible Cyprus«: www.visitcyprus.com/index. php/de/accessible

SICHERHEIT UND NOTFÄLLE

Zypern weist eine ausgesprochen niedrige Kriminalitätsrate auf. Bei größeren Menschenansammlungen ist wie überall Vorsicht vor Taschendieben angebracht.

Wichtige Notrufnummern Krankenwagen, Polizei, Feuerwehr: Südzypern: T 112, 199; gebührenfrei, Englisch wird fast immer verstanden. Nordzypern: T 112 für Krankenwagen, T 155 für Polizei, T 199 für Feuerwehr **Zentraler Sperrnotruf für Kreditkarten:** T (+0049) 116 116 (gilt für die meisten Kreditkarten, Ausnahmen u.a. Postbank und Targobank) **Deutsche Botschaft:** Nikosia (Süd), T 22 45 11 45, im Notfall T 99 68 93 25 **Österreichische Botschaft:** Nikosia (Süd), T 22 41 01 51 **Schweizer Botschaft:** Nikosia (Süd), T 22 46 68 00

SPORT UND AKTIVITÄTEN

Baden ist (fast) überall erlaubt. Rote Bojen kennzeichnen Bezirke, die Schwimmern vorbehalten sind und von Wasserfahrzeugen nicht befahren werden dürfen. Rettungsschwimmer gibt es an allen viel besuchten Stränden. Der als **Venus-Strand** bekannte Küstenstreifen bei Páfos sollte wegen seiner gefährlichen Brandung gemieden werden. Durch Haie wurde an den Küsten Zyperns bisher noch niemand verletzt. Mit Quallen ist gelegentlich zu rechnen.

Golf Für Golfer hat Zypern vor allem Angebote in der gehobenen Kategorie, dafür aber auch mit attraktiven Anlagen, wie dem 18-Loch-Championship-Course von Aphrodite Hills, der sich über zwei durch eine Schlucht getrennte Hochplateaus ausbreitet. Die besten Plätze liegen an der Küste zwischen Limassol und Páfos: **Minthis Hills** (www.minthishills.com), **Secret Valley** (www.secretvalley golfresort.com) und **Aphrodite Hills** (www.aphroditehills.com).

Paragliding
Es gibt mehrere spektakuläre Orte, um sich mit einem Fallschirm treiben zu lassen. Dazu gehören die Steilhänge von Kourion (Limassol) und der Berg von St. Hilarion (Keryneia). Tandemflüge werden an beiden Standorten angeboten.

Radfahren
Das beste Radwegenetz gibt es in der flachen Region von **Agía Napa.** Für Mountainbiker sind eher die unebenen Strecken im Tróodos-Gebirge sowie in der Region um Polis ideal. Die CTO weist auf ihrer Website 40 Fahrradrouten für jeden Schwierigkeitsgrad aus. Als optimale Reisezeit für Radler gelten die Monate November bis Mai. Jedes Jahr reisen die Stars der Mountainbike-Szene zum ›Cyprus Sunshine Cup‹ (www.cyclingcy.com) an. Hier können sich Amateure mit den Profis messen.

Reiten
Mehrere Reitställe auf der Insel bieten ein- oder mehrstündige Ausritte und auch richtige Tagestouren an (am besten im Netz checken oder bei der Tourismus-Information nachfragen). Wer nur zuschauen möchte, kann sich einen Nachmittag auf Zyperns einziger Pferderennbahn in Nikosia gönnen (www.nicosiaraceclub.com.cy).

Segeln
Das östliche Mittelmeer rund um Zypern ist kein viel frequentiertes Segelrevier. Es gibt zu wenig geschützte Buchten, zu wenig Marinas und aus politischen Gründen auch zu wenig Anlaufhäfen. Boote mit und ohne Skipper lassen sich aber in den meisten Küstenstädten rund um die Insel anmieten.

Aktuelle Infos zum Thema im Magazin »Cyprus Yachting«, www.cyprusyachtingmagazine.com

Speedbootfahren
In allen Sportboothäfen und von manchen Wassersport-Stationen werden Speedboats vermietet. Bis 25 PS sind sie führerscheinfrei zu haben, selbst für Boote mit 125 PS und mehr genügt ein Pkw-Führerschein. Der Mieter muss mindestens 18 Jahre alt sein.

Surfen
An mehreren Stränden werden Surfboards und Riggs vermietet. Groß im Kommen ist das Kitesurfen. Zypern gilt als Ganzjahresdestination wegen der angenehmen Wassertemperaturen und dem stetigen Wind aus südlicher bis südwestlicher Richtung. Beste Strände sind im Süden Avdímou, Ladys Mile, Kitemed und Paramali sowie im Norden die Bucht von Mórfou.

Tauchen
In allen Badeorten der Insel gibt es Tauchschulen und -stationen. Die Meeresflora und -fauna ist zwar nicht sonderlich spektakulär, aber die Felsküsten bieten interessante Formationen, Grotten und Höhlen. Die eigentliche Sensation sind die **Schiffswracks,** die teils tatsächlich versunken sind, teils als Tauch-Attraktion versenkt wurden. Antikenfunde dürfen nicht selbst gehoben, sondern müssen gemeldet werden.

Übersicht der Tauchziele: www.visitcyprus.com

Wandern
Der Europäische Fernwanderweg E4 führt 539 km über die Insel. Die Strecke beginnt am Flughafen Lárnaka und endet am Flughafen Páfos. Eine Broschüre mit allen Wanderwegen im Süden erhalten Sie unter **www.visitcyprus. com** oder in den Büros der Tourist-Information. Leider ist nur ein Teil der Wege als Rundwanderweg angelegt. Einen Shuttleservice zwischen Ausgangs- und Endpunkt gibt es nirgends. Maps für Wanderungen im Norden stellt die

Kyrenia Mountain Trail Association
bereit (www.kyreniamountaintrail.org).
Wichtig: Kopfbedeckung und festes
Schuhwerk (Sträucher, Schlangen),
genügend Trinkwasser mitnehmen.

Triathlon
Für die Athleten der Dreisportart
ist Zypern im Kommen und wird als
Geheimtipp gehandelt. Dank des milden
Wetters ist die Competition in Agia
Napa im März die früheste in ganz
Europa. Open-Air-Training ist das ganze
Jahr über möglich.
Cyprus Triathlon Federation: www.cytrifed.org

TOILETTEN

Vielfach findet man in Zypern auf dem
›Örtchen‹ einen Zettel, der darauf
hinweist, kein Toilettenpapier ins WC zu
werfen. Grund sind die engen Abwas-
serrohre, bei denen Verstopfungsgefahr
besteht, wenn das Papier herunterge-
spült wird. Es stehen Eimer bereit, in die
das gebrauchte Toilettenpapier wandert.

ÜBERNACHTEN

Die Tarife der meisten Unterkünfte in
Zypern variieren stark nach Saison.
Achtung bei den Raten, denn manche
Hotels geben beim Doppelzimmer
den Preis pro Person an. Wer ruhige,
individuelle Unterkünfte in ländlicher
Gegend sucht, wird auf der Seite **www.
agrotourism.com.cy** fündig Eine
Auswahl guter Hotels und Ferienhäuser
listet die Cyprus Tourism Organisation
auf **www.visitcyprus.com** unter dem
Stichwort ›Unterkunft‹.

VERKEHRSMITTEL

Busverkehr
Intercity-Busse verbinden die Städte
Páfos, Limassol, Lárnaka, Nikosia, Agía
Napa und Paralímni-Protarás mehrmals
tgl. miteinander (Einzelfahrten 4–7 €).
Einzelfahrscheine für den jeweiligen

Stadt- und Überlandverkehr in einer
Region kosten einheitlich 1,50 €,
Tageskarten 5 €. Es gibt Tagestickets
für 15 €, mit denen Sie alle Linien- und
Intercity-Busse benutzen können. Eine
Wochenkarte für alle Linien kostet 75
€. Eine Übersicht über alle Strecken im
Süden Zyperns: www.cyprusbybus.com,
im **Norden:** www.northcyprusonline.
com (Stichwort ›Transport‹).

Service Taxi
Ein gängiges Verkehrsmittel zwischen den
Städten im Süden sind die Sammeltaxis
von **Travel & Express.** Sie sind etwa
doppelt so teuer wie Intercity-Busse,
bieten aber häufigere Abfahrtszeiten
und Abholung von jedem gewünschten
Ort innerhalb der Stadtgrenzen. In der
Regel handelt es sich um Fahrzeuge, die
bis zu sieben Passagieren Platz bieten.
Im Norden fahren **Dolmuş** genannte
Sammeltaxis auf festen Routen zwischen
den Städten und in größere Dörfer.
www.travelexpress.com.cy

Taxi
In allen Städten und Touristenzentren
stehen rund um die Uhr Taxis bereit.
Zwischen 6 und 20.30 Uhr gilt im Süden
der Tarif I (Anfangspreis 3,42 €, 0,73 €/
km, Wartestunde 13,66 €), nachts sowie
an Sonntagen der Tarif II (Anfangspreis
4,36 €, 0,85 €/km, Wartestunde 15,71
€). Für jedes Gepäckstück wird 1,20 €
fällig. Im Norden sind Taxis etwas
preiswerter.
In größeren Dörfern gibt es sog. **Rural
Taxis** (griech. *Agoréo*) ohne Taxameter.
Diese sind etwas preiswerter als
städtische Taxis, dürfen Fahrgäste aber
immer nur in ihrem Herkunftsdorf
aufnehmen.

Auto oder Zweirad
Das zyprische Straßennetz ist sehr gut
ausgebaut, die Städte sind unterein-
ander durch mautfreie Autobahnen von
mitteleuropäischem Zuschnitt verbunden. Die Zyprer fahren vergleichsweise
diszipliniert, die Fahrzeuge sind fast
immer in gutem Zustand. Die Beschil-
derung lässt eine gute Orientierung zu.

Leihwagen: Vom Kleinwagen bis zum Jeep und Minibus werden Fahrzeuge in großer Zahl angeboten. Sie tragen ein rotes Nummernschild mit einem ›Z‹ als ersten Buchstaben. Die Preise sind abhängig von Mietdauer und Saison. Für einen Kleinwagen zahlen Sie im Sommer 30–45 €/Tag, im Winter kann man Rabatte aushandeln. Im Mietpreis sind meist unbegrenzte Freikilometer, Haftpflicht- und Vollkaskoversicherung (mit 200–1000 € Selbstbeteiligung) enthalten. Der nationale Führerschein genügt; die Mieter müssen zwischen 25 und 70 Jahre alt sein, zwischen 21 und 25 Jahren benötigt man eine Zusatzversicherung von ca. 8 €/Tag.

Wollen Sie den Wagen für einen **Ausflug in den Norden** nutzen, brauchen Sie dafür die ausdrückliche Erlaubnis der Mietwagenfirma. Nicht von allen wird eine solche erteilt. Am besten gleich bei der Bestellung danach fragen und auch eine Extra-Versicherung für den Norden abschließen, die sonst direkt am Checkpoint fällig wird.

Mopeds und Motorräder: Zweiräder werden hauptsächlich in den Badeorten verliehen. Voraussetzung sind der nationale Führerschein, der im Heimatland zum Fahren des entsprechenden Fahrzeugs berechtigt, und ein Mindestalter von 18 Jahren. Mopeds unter 50 ccm dürfen auch schon von 17-Jährigen benutzt werden. Es besteht Helmpflicht. Inklusive Vollkaskoversicherung kosten kleine Mopeds ab ca. 12 €/Tag, Motorräder über 100 ccm ab 18 €/Tag.

Fahrräder: Zypern hat zwar schon viele ausgebaute bzw. ausgeschilderte Radwege, ist aber noch keine fahrradfreundliche Insel. Vor allem falsch geparkte Autos machen es den Radlern schwer.

Verkehrsregeln

Auf ganz Zypern wird **links gefahren.** Die zulässige **Höchstgeschwindigkeit** beträgt auf Autobahnen 100 km/h, auf Landstraßen 80 km/h und in Ortschaften 50 km/h. Auf den Vordersitzen herrscht **Gurtpflicht,** Kinder unter 5 Jahren müssen auf dem Rücksitz Platz

Im Urlaub einfach mal abtauchen!

nehmen. Selbst wenn es im Verkehr nicht den Anschein macht, ist auch in Zypern das **Telefonieren im Auto** ohne Freisprechanlage verboten. Die **Promillegrenze** liegt im Süden bei 0,5, im Norden bei 0,0.

Tankstellen sind zahlreich und meist Mo–Fr und Sa 6–18, So 6–16 Uhr geöffnet. Bei vielen Tankstellen kann man mit Bargeld oder per Kreditkarte 24 Std. am Automaten tanken. Die Benzinpreise sind im Norden niedriger als im Süden.

ZEIT

Seit die Türkei im Herbst 2016 die Uhren nicht auf Normalzeit zurückgestellt hat, gilt auch in Nordzypern die Arabische Standardzeit (AST). Auf Zypern gibt es seither also **zwei Zeitzonen.** Im Süden gilt die Eastern European Time (EET), also Koordinierte Weltzeit (UTC) + 2 Std., im Norden das ganze Jahr über UTC+3. Das bedeutet, dass nur nach der Umstellung zur Sommerzeit in der Republik Zypern in beiden Teilen der Insel nach derselben Uhr gelebt wird. Im Winter sind die Bewohner im Norden denen im Süden um eine Stunde voraus. Gegenüber Deutschland, Österreich und der Schweiz ist es in Südzypern immer eine Stunde später.

Endáxi

Das griechische ›o.k.‹, kurz: dáxi

Kopiaste!

DHÉN EXI PRÓBLEMA!

*Eine ernst gemeinte Einladung,
sich dazuzusetzen und mitzuessen
bzw. mitzutrinken*

Jássu/Jássas!

Kein Problem!

Hallo! Tschüss!
(du/Sie)

PANAGIÁ MOU!

Kóri

*Die Anrufung der Jungfrau Maria bietet sich
eigentlich immer an.*

MERHABA!

*Als ›Tochter‹ werden auch gestandene
Frauen angesprochen. Ist nicht respekt-
los gemeint.*

*Universelle türkische
Begrüßung*

**Ti kánis? – Kala (gr.)
Nasilsin? – Iyiyim (türk.)**

Malaka!

*Die Frage ›Wie geht's?‹ und die Antwort ›Gut‹
gehören an den Beginn jedes Gespräches.*

*Typisches Schimpfwort, gern
im Straßenverkehr gebraucht
(Wi***er)*

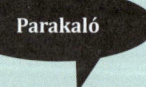

Parakaló

**Sigá, sigá (gr.)
Yaváş, yaváş (türk.)**

Das freundliche ›bitte‹

Langsam, langsam!
Lässt sich die Mentalität der Gelassenheit knapper ausdrücken?

A

Afchendoiu, Grigoris 31
Agía Napa 44
– Agrotóspito-Museum 44
– Feste und Festivals 46
– Glykí Neró 45
– Karousos Beach Restaurant 46
– Kloster 45
– Konnos Bay 45
– Nissi Beach 45
– So nice Boutique Suites 46
– Stamna Tavern 44
– Thálassa-Museum 44
Agía Solomoni 74
Agioi Anargyroi 52
Ágios Amvrósios (Esentepe) 105
Ágios Thyrsos 98
Agrós 69
Akámas-Halbinsel 7, 82, 84
Akanthoú (Tatlısu) 105
Akrotiri-Salzsee 61
Aktivitäten 110
Álassa 63
Alpha Divers 53
Ambelopoúlia 4, 90
Amathoús 84
Amíantos-Mine 70
Ánagyris 64
Ankunft 108
Anógyra 64, 101
Aphrodisien 84
Aphrodite 6, 18, 74, 80, 83, 84
Aphrodite's Rock Brewing Co. 80
Apostolos-Andréas-Kloster 98
Arkin Palm Beach Hotel 106
Arsorama 63
Arsos 63, 67
Asbest 70
Atsas-Farm 101
Augensteine 104
Ávakas-Schlucht 82

B

Bäckereien 10
Baden 110
Bäder der Aphrodite 83, 84
Bananen 79
»Baum des Müßiggangs« 97
Behinderte 110
Bellapais 96
Berengaria von Navarra 58
Bier 30, 80
Birdlife Cyprus 61
Birdwatching 39, 43, 61, 91
Blaue Lagune 52
Böser Blick 100, 104
Brot 58
Busse 4, 27, 40, 61, 79, 112

C

Cacoyannis, Michael 120
Camelpark 41
Caretta Beach Hotel 101
Chalayan, Hussein 120
Checkpoints 108
Chrysorrogiátissa-Kloster 81
Commandaria 66
Costaris Taverne 107
CyHerbia 44
Cyprus Pedagogical Institute 29
Cyprus Sustainable Tourism Initiative 110

D

Deryneia 51
Dikmen, Aydın 20
Dive-In 53
Dolmuş 112
Durrell, Lawrence 97

E

Efraim Taverne 85
Einreisebestimmungen 108
Eliades, Christos 50
Esel 41, 120

F

Fähren 108
Famagusta 102
– D&B Restaurant 104
– Famagusta Cultural and Art Festival 104
– Lala-Mustafa-Pascha-Moschee 103
– Landtor 102
– Mystery Garden Guest House 104
– Othello Tower 102
– Petek Pastanesi 104
– Seetor 102
Famagusta Ecocity Project 107
Fengaros-Festival 41
Feste und Festivals 27, 40, 41, 46, 61, 80, 89, 96, 104, 105
Fikárdou 30
Flamingos 42
Flughäfen 108
Fossilien 28
Frauen 68
Fünffinger-Gebirge 6, 28, 94

G

Galinóporni (Kaleburnu) 98
Gastfreundschaft 24
Geld 108
Geroskípou 80
Glyko 44
Golden Donkey Farm 41
Golden Sands 98
Golf 110
Green Bay Water Sports 53

H

Haji-Ioannou, Stelios 120
Hala Sultan Tekke-Moschee 43
Halloúmi 8, 10, 65
Haustiere 108
Hochzeit 39
Hunde 46

Register

I
Idálion 84
Ikonen 20, 21, 23, 31, 68, 81, 94, 97
Incirli-Höhle 98
Informationsquellen 109
Internationales Bellapais Musikfestival 96
Internet 109

J
Jazz 30, 88
Johannisbrot (Carob) 64, 105
Jurten 89

K
Kaffee 4, 10, 24
Kaffeehäuser 68
Kaffeesatz lesen 25
Kahuna Surfhouse 53
Kakopetriá 31
Kalo Chorio (Kalkanlı) 101
Kamáres-Aquädukt 43
Kantára 98
Kap Greco 45, 46
Kármi (Karaman) 96
Karneval 61, 62
Karpasía 84, 105
Karpasía-Halbinsel 98
Kartoffeln 50
Käse 105
Káto Drys 41
Káto Pyrgos 88
Kensington Cliffs 61
Keryneia 94
Kitemed Beach 41
Kitemed Kitesurfing School 53
Kítion 84
Kleopatra 41, 120
Klima 109
Koiláni 67
Kolokási (Taro) 11
Kolóssi 66
Kóma tou Gialoú 98
Kómi Kepír 98
Kormakítis (Koruçam) 97
Koúklia 81, 85
Koúpa 38
Koúrion 62

Koúrion Beach 62
Ktima Stalies 65
Kykkos-Kloster 68

L
Láneia 66
Lárnaka 34, 108
– Anthestiria Festival 41
– Art by Theo Michael 38
– BLOK Cocktail Bar 38
– Boutiquehotel Lokàl 37
– Busbahnhof 40
– Epiphanie 40
– Fischerhafen 35
– Führungen 40
– Hafenkastell 34
– Halcoessa Copper Art 38
– Hotel Opera 37
– Kataklysmos 41
– Kebir (Büyük) Cami 34
– Kítion 35
– Kyriázis Medizin-Museum 37
– Laiki Geitonia 34
– Lomography 37
– Lush Beach Bar-Resto 39
– Mackenzie Beach 35
– Marina 34
– Markthalle 34
– Mittelalter-Museum 35
– Oak Tree 37
– Pierídes-Museum 37
– Prozession des Hl. Lazarus 40
– Salzsee 42
– Seebrücke 34
– St. Lazarus-Kirche 34
– Stone Age Pub 38
– Studio Ceramics Cyprus 38
– The Secret Garden 38
– Zodiac Hotel Apartments 37
Latsí (Lakki) 83, 87, 88
Lefkara 48
Lefkónoiko (Geçitkale) 105
Leihwagen 113
Lémba 80

»Lias Traum vom Glück« 87
Limassol 7, 56
– Angel's Cup 59
– Burg 56
– Busbahnhof 61
– Carob Mill 56
– Daltons Bar 60
– Dasoúdi Beach 56
– Enaérios-Landungsbrücke 56
– Feste 61
– Ladas Fish Tavern 59
– Le Village Hotel 59
– Marina 56
– Markthalle 56
– Metropole Hotel 59
– Mittelaltermuseum 58
– Nextbike 56, 60
– Pana's Creations 59
– Polykarpou Taverne 59
– Saripólou-Platz 56
– Sousami Bar 60
– Städtische Kunstgalerie 56
– Terra-Naturprodukte 60
– To Ploumisto Psomi 58
– Villa Retreat 59
– Wassermuseum 58
– Zoo 56
Límnia (Mormenekşe) 105
Liopétri 51
Lofóu 67
Love-Locks 34
Lysos 89

M
Marangou, Anna 27
Marken-Piraten 48
Mavi Köşk 97
Mazotós 41
Melandra-Haus 99
Mesaoría 28
Mezé 10
Michael, George 120
Milioú 89
Mopeds und Motorräder 113
Mórfou (Güzelyurt) 97, 101
Myrtou (Çamlıbel) 97

N
Nachhaltig reisen 109
Nachtigallen 69
Nicolas and Maria's
Cottages 65
Nikosia 6, 7, 16
– AglanJazz 30
– Altius Boutique Hotel
19
– Atelier 23
– Averof Hotel 22
– Bank of Cyprus-Stiftung
(Pierídes-Sammlung)
16
– Bauernmarkt 26
– Bedestan 17
– Bibliotheque 22
– Bierfest 30
– Busbahnhöfe 27
– Büyük Hamam 17
– Büyük Han 17, 22
– Byzantinisches Museum
20
– Charalambous 25
– Checkpoint 16
– Chrysaliniotissa-
Künstlerwerkstätten
23
– Çıraklı Market 23
– Enallax 26
– Famagusta-Tor 16
– Faneromeni-Kirche 16
– Inga's Veggie Heaven
21, 25
– Kafeneio 11 26
– Kafeneion Koukounári
29
– Kakarístra-Schlucht 28
– Kumarcilar Han 17
– Kunstzentrum NiMAC
16
– Laiki Geitonia 16
– Ledra-Straße 16
– Leventis-Galerie 18
– Leventis-Museum für
Stadtgeschichte 19
– Nicosia Festival 27
– Observatorium 16
– Omeriye Hamam 17
– Özerlat 25
– Palaiá Pineza 26
– Panagía Kanakaria 20
– Pride Parade 27

– Sandstone Gästehaus
22
– Segway Station 26
– Selimiye-Moschee 17
– Sham 23
– Shoe Factory 16
– Stadtpark 17
– Taxi Bike 27
– thegym. 23
– Zentrum für Visuelle
Kunst und Forschung
16
– Zypern-Museum 18
Nitovikla Garden Hotel
99
Nordzypern 4, 6, 7, 93,
108, 109, 110, 113,
114
Notfälle 110
Notrufnummern 110

O
Oleastro-Park 65, 101
Oleastro Taverne 65
Oliven 10, 31, 41, 64,
65, 96, 100
Olivenöl 100
Ólympos 71
Ómodos 63, 66
Orangen 97

P
Páfos 7, 74, 108
– Annabelle Hotel 77
– Archäologischer Park
75
– Axiothea Hotel 77
– Bania 78
– Bushaltestellen 79
– Ethnografisches
Museum 75
– Feste 80
– Hafen 74
– Hafenkastell 74
– Hamam 75
– Kelpis Shoes 78
– Kiniras Hotel 77
– Königsgräber 75
– Koutourou Ouzeri 77
– Küstenwanderweg 74
– Let them eat cake 78
– Markthalle 75
– Moschee 75

– Muse Kitchen Bar
Lounge 79
– Polihóros Cultural
Centre 74
– Städtisches Freibad 74
– Technopolis 20 74
– The Place 78
– Timothy's Bar 79
– Vintage Art House
Café 79
Palouzé-Festival 63
Páno Akourdáleia 88
Páno Plátres 68
Paragliding 111
Paralímni 50
Paráskos, Stass 80, 120
Pastéli 64
Pedoulas 31
Pentadaktylos-Gebirge
6, 28, 94
Perivólia 41, 53
Petra tou Romioú 84, 85
Picknick 60
Pissarides, Christopher
Antoniou 120
Pissoúri 62
Platáni (Çınarlı) 98
Pólis 86
– Archäologisches
Museum 86
– Chrysochoú-Bucht 87
– Herb Garden und
Restaurant 87
– Natura Beach Hotel 88
– Tina's Art Café 87
Politikó 30
Pomos 88
Prodrómi 87
Protarás 47

Q
Quinn, Anthony 120

R
Radfahren 40, 56, 60,
88, 111, 113
Reisezeit 109
Reiten 89, 111
Rembetiko 26
Republik Zypern 6, 8, 21
Richard Löwenherz 58
Rizokárpaso (Dipkarpaz)
98, 104

Register

Rosen 69
Rural Taxis 112

S
Salamis 84, 104
Samara-Tal 89
Schiffswracks 111
Schildkröten 44, 90, 91, 98
Schlangen 82
Schokolade 69
Schuhe 78
Seferis, George 69
Segeln 111
Sicherheit 110
Símou 89
Simposio Taverne 67
Skarínou 41
Sóli 84, 97
Sonnenuntergänge 81
Soúvla 6, 11
Souvláki 6, 9, 10
Speedboatfahren 111
Spitze 48
Sport 110
Stavros tis Psókas 81
Stení 87
St. Hilarion 96
Street Life Festival 62
Surfen 52, 111

T
Tamassós 30, 84
Tauchen 52, 63, 87, 111
Taxis 112
Tempel der Aphrodite 85
Toiletten 112
To Paradosiakó 65
Treis Eliés 63
Triathlon 112
Tróodos (Ort) 68
Tróodos-Gebirge 6, 28, 66, 70
Tróodos Geopark 71
Tsada 80
Türkische Republik Nordzypern 6
Turtlewatching 44, 90, 91, 98

U
Übernachten 112

V
Varosha-Sperrzone 51, 106
Vása 67
Venus-Strand 77
Verkehrsmittel 112

Verkehrsregeln 113
Vögel 4, 61, 69, 90

W
Wandern 70, 82, 87, 111
Wein 41, 62, 63, 66, 81
Weingüter 41, 44
Weinstraßen 66
Wellenreiten 52, 111
Wellness 83, 89
Windbandit 53
Wunschbäume 77

X
Xenios Cottages 67

Y
Yaşın, Neşe 120

Z
Zeit 113
Zening-Resort 83
Zenobia-Wrack 52
Zenon Tavern 43
Zivanía 11, 67
Zoll 108
Zypernhunde e.V. 46

 **Das Klima im Blick**
Reisen bereichert und verbindet Menschen und Kulturen. Wer reist, erzeugt auch CO_2. Der Flugverkehr trägt mit bis zu 10 % zur globalen Erwärmung bei. Wer das Klima schützen will, sollte sich – wenn möglich – für eine schonendere Reiseform entscheiden oder die Projekte von atmosfair unterstützen. Flugpassagiere spenden einen kilometerabhängigen Beitrag für die von ihnen verursachten Emissionen und finanzieren damit Projekte in Entwicklungsländern, die dort den Ausstoß von Klimagasen verringern helfen (www.atmosfair.de). Auch die Mitarbeiter des DuMont Reiseverlags fliegen mit atmosfair!

Abbildungsnachweis

CIPS/Marcos Gittis, Nikosia: Umschlagklappe vorn, S. 21, 25, 27, 29, 43, 64, 67, 74, 88, 91, 98, 106, 110, 120/3, 120/9

Cyprus College of Art, Lemba: S. 120/6 (Koutsoftides)

picture-alliance, Frankfurt a. M.: S. 120/1 (Capital Pictures/Belcher); 85 (Hackenberg); 120/4 (Hoslet); 120/5 (Mavrona); 96 (Scholz)

Fotolia, New York: S. 69 (efesenko); 52 (f8grapher)

Getty Images, München: S. 32/33 (da-kuk); 120/7 (De Agostini/Dagli Orti); 4 u. (Esen Tunar Photography); 58 (Gavrilova/EyeEm); 54/55 (Gusto Images); 109 (Haigh); 26 (Hoffmann/LOOK); 4 o. (Hsiu Hui Chen/EyeEm); 78 (Leue); 113 (m3ss); 95 (nejdet-duzen); 72/73 (Richards); 61 (Stocker)

iStock.com, Calgary: S. 86/87, 89 (efesenko); 62 (f8grapher); 71 (jvoisey); 47, 105 (kirilim); 8/9 (letty17); 50/51 (lucky-photographer); Umschlagklappe hinten (Mike Watson Images); 39, 102 (mpalis); 101 (Louca Photographic Studios); 14/15 (pee-terv); 22 (Vlisimaa); 11 (Professor25); 35 (sansara); 17 (tunart); 7 (ZinaidaSopina)

Laif, Köln: S. 80 (Böning); 120/2 (Clay/Financial Times/REA); 85 (Oliosi/Polaris); 40/41, 49, 75, 81, 83 (Stand)

Look, München: S. 59 (Acquadro); Titelbild, Faltplan (Widmann)

Mauritius, Mittenwald: S. 30 (Alamy/efesenko); 120/8 (Alamy/Gilbert); 92/93 (Alamy/Godong); 31 (Alamy/Photononstop)

Zeichnung S. 3: Gerald Konopik, Fürstenfeldbruck

Zeichnung S. 5: Antonia Selzer, Stuttgart

Kartografie

DuMont Reisekartografie, Fürstenfeldbruck
© DuMont Reiseverlag, Ostfildern

Umschlagfotos

Titelbild: Türe des ehemaligen Klosters von Gálata
Umschlagklappe hinten: In den Königsgräbern von Páfos

Hinweis: Autorin und Verlag haben alle Informationen mit größtmöglicher Sorgfalt geprüft. Gleichwohl sind Fehler nicht vollständig auszuschließen. Alle Angaben erfolgen ohne Gewähr. Bitte schreiben Sie uns! Über Ihre Rückmeldung zum Buch und Verbesserungsvorschläge freuen sich Autorin und Verlag:
DuMont Reiseverlag, Postfach 3151, 73751 Ostfildern,
info@dumontreise.de, www.dumontreise.de

FSC
www.fsc.org
MIX
Papier aus ver-
antwortungsvollen
Quellen
FSC® C124385

1. Auflage 2018
© DuMont Reiseverlag, Ostfildern
Alle Rechte vorbehalten
Autorin: Tina Sternberg
Redaktion/Lektorat: Sebastian Schaffmeister
Bildredaktion: Nadja Gebhardt
Grafisches Konzept: Eggers+Diaper, Potsdam
Printed in China

Kennen Sie die?

George Michael

Wham! Auf den als Georgios Kyriakos Panagiotou geborenen Sänger waren alle Zyprer stolz. Seine zyprischen Wurzeln wurden von seinen Landsleuten jedoch mehr betont als von ihm selbst.

Sir Stelios Haji-Ioannou

Der Sohn eines Reeders gründete nicht nur Easyjet, sondern auch eine Stiftung, die Gemeinschaftsprojekte von Zyperngriechen und Zyperntürken fördert.

Neşe Yaşın

17-jährig schrieb die Lyrikerin das Gedicht, das alle Zyper verbindet: »Der Mensch soll seine Heimat lieben, hat mein Vater mir gesagt. Meine Heimat ist geteilt. Welche Hälfte soll ich nun lieben?«

Christopher Antoniou Pissarides

Der bislang einzige zyprische Nobelpreisträger (Wirtschaft, 2010) lehrt an der London School of Economics. Seine Hobbys sind Kochen, Gartenarbeit und Gehen.

Michael Cacoyannis

1964 wurde der in Limassol geborene Regisseur weltweit berühmt durch seine mit drei Oscars ausgezeichnete Verfilmung von »Alexis Sorbas« mit Anthony Quinn in der Hauptrolle.

Stass Paráskos

Bekannt wurde der Maler durch einen Skandal in England 1966: Seine Ausstellung »Lovers and Romances« wurde von der Polizei geschlossen. Ein Bild hatte küssende Nackte gezeigt.

Kleopatra

Der römische Feldherr Marcus Antonius war so entflammt für die ägyptische Königin, dass er ihr die Insel schenkte: »Die Süße Deiner Liebe gleicht dem Weine Zyperns.«

Hussein Chalayan

Der begehrte Designer (Puma, Vionnet) lässt Kunst und Kleidung verschmelzen. Mit seinen Kreationen schreibt der gebürtige Nikosianer (*1970) Modegeschichte.

Zyprischer Esel

Früher wurden die hochbeinigen, braunen Tiere in alle Welt exportiert. Inzwischen, so sagen die Einheimischen, gibt es mehr zweibeinige als vierbeinige Esel auf der Insel.